110	DIKTATUR UNTER SEGELN –
	PARADIES FÜR WASSERSPORTLER
122	ENTE ÜBER BORD –
	FREGATTEN AUF DER HANSE SAIL
130	LEBENSRETTER LOTTE –
	SPORT UND FREIZEIT
136	SIEBEN TYPEN BLAUWEISS –
	WURST UND SPIELE
149	ZUM SCHLUSS: DAS WETTER!

»Wir haben gehalten
 in der langweiligsten Landschaft
 der Welt.
 Wir haben uns unterhalten
 und festgestellt,
 daß es uns hier gefällt.«

(Tocotronic)

SCHONT DIE AUGEN DER NATION! –
BADEKULTUR HEUTE UND GESTERN

Spätestens im Mai wird man als Einheimischer in Mecklenburg-Vorpommern mit der Frage konfrontiert, ob man schon »drin« war. Gemeint ist, ob man sich bereits ins Wasser gewagt hat. Anbaden in der Ostsee wird alljährlich von einigen ganz Verwegenen schon zu Neujahr unter den Augen der Lokalpresse zelebriert. Diese Lebensmüden nennen sich Eisbären oder Seehunde und sind zu Recht hierzulande in der deutlichen Minderzahl. Der durchschnittliche Mecklenburger oder Vorpommer tut sich das nicht an.

Wenn Sie an einem milden Sonntagvormittag im März einen Strandspaziergang in Warnemünde unternehmen, werden Sie sich mit ziemlicher Sicherheit zwischen Leuchtturm und Wilhelmshöhe in einen langen Streifen gut eingemummelter Wanderer einreihen. Die Luft ist klar, der Himmel wolkenlos. Weit draußen können Sie Schiffe sehen, und mancher meint sogar, die dänische Küste am Horizont zu erahnen. An diesem lauen Tag um Ostern sollten Sie sich aber nicht wundern, wenn Sie zwischen den Flanierenden rüstige, ältere Herrschaften entdecken, die sich pudelnackt in die 5 °C kalte Ostsee gleiten lassen, ein paar Bahnen schwimmen und sich danach an Land mit gymnastischen Übungen – noch immer nackt – wieder aufwärmen. Besonders beliebt bei Mittsechzigern ist der »Hampelmann«, der schon nach wenigen Wiederholungen die Kälte aus den Gliedern treibt. Bleiben Sie bei solchen Begegnungen ruhig! Die rüstigen Turner sind nicht von hier und auch keine Eisbader, sondern mit hoher Wahrscheinlichkeit Berliner oder Sachsen. Kein Einheimischer weiß, warum sie das tun, man ahnt nur, dass die sonst so große Entfernung zum geliebten Strand sie bei jeder Jahreszeit in die See drängt.

Treibt es den Einheimischen doch mal in die kalten Fluten, dann vielleicht aus jugendlichem Übermut. So wie bei mir, als ich, gerade zwanzigjährig, mit einem Freund am traumhaften Weststrand auf der Halbinsel Fischland, Darß und Zingst zwei junge Frauen beeindrucken wollte. Es war ein sonniger Märztag, windstill und knackig kalt. Eine Radtour führte uns ans Wasser, wo wir mit zwei Darßerinnen ins Gespräch kamen. Voller Energie suchten wir jede Gelegenheit, sie für uns zu begeistern. Mein Freund und ich stritten uns, wer wohl wann im Jahr »anbaden« würde. Natürlich prahlte jeder, dass »anbaden« nicht das richtige Wort sei, da er im Grunde unabhängig von der Jahreszeit, also sommers wie winters, in die Ostsee hüpfe. Eine Übertreibung übertraf die nächste. Bis erst mein Kumpel seine Klamotten abstreifte, dann ich, um zur Unterstreichung seiner und meiner Männlichkeit eben diese in die eiskalten Wellen zu schwingen.

Im Februar und März, wenn das Wasser eisfrei ist, stehen viele einheimische Angler an der Küste auf der Pirsch nach der Meerforelle. Als wir uns also splitternackt ausgezogen hatten, sahen wir, dass vor uns zwei Angelruten aufgestellt waren. Ein alter Fischer, in Ölzeug gehüllt und mit Pudelmütze, stand daneben. Unsere Fußspitzen hatten das Wasser noch nicht berührt, da rief er: »Könnt ihr nich woanners baden?« Wir sahen uns um und schauten das Ufer entlang, erst in die eine Richtung, dann in die andere. Der Fischer tat dasselbe. Etwa alle 50 Meter hockte ein Angler, soweit das Auge reichte. Der Alte sah uns an und grummelte einsichtig: »Na los, dann rin mit Euch!« Der Versuch, voller Selbstverständnis hinein zu gehen und entspannt dem Eiswasser wieder zu entsteigen, misslang uns kläglich. Dennoch war es ein berauschendes Gefühl, das Sie sich nach vorheriger Absprache mit Ihrem Arzt auch mal erlauben könnten. Wenn Sie den Kopf nicht untertauchen und der Wind nicht von der See her weht, dann kann man das Baden im eiskalten Nass durchaus ertragen und danach auch genießen. Der Organismus setzt all' seine Energiereserven in Körperwärme um. Wenn Sie nur kurz eintauchen, werden Sie nach dem Bad nicht frieren. Da Füße und Hände besonders temperaturempfindlich sind, können Sie auch mit Neopren-Schuhen ins Wasser gehen und dabei die Hände hochhalten. Das sieht nackt nicht unbedingt immer gut aus, mindert aber schnelles Auskühlen. Unsere Bemühung, die Mädels herumzubekommen, scheiterte übrigens auf bedauernswerte Weise, weshalb ich meine Laufbahn als Badender im Kälterausch nicht länger verfolgte.

Abgesehen von den Ködern geht der durchschnittliche Küstenbewohner auch deshalb nicht im Winter baden, weil man schließlich da wohnt, wo andere Urlaub machen. Im sonst vergleichsweise armen Norden gönnt es sich der Einheimische, nur die Tage herauszupicken, an denen

Baden schon beim ersten Wasserkontakt Freude bereitet. So viel Luxus muss sein.

Der Mai ist eine wunderbare Jahreszeit, um Mecklenburg-Vorpommern zu bereisen. Das Land zeigt seine ganze Farbenpracht. Selbst bei gutem Wetter sind die Strände noch nicht so voll wie im Hochsommer und mit etwas Überwindung macht auch das Baden Spaß. Wem die Ostsee dennoch zu kalt ist, der findet im Hinterland über 2 000 Seen inmitten von betörend schönen Hügellandschaften, Wäldern und blühenden Feldern. Etwa ein Zwanzigstel der Fläche Mecklenburg-Vorpommerns nehmen Binnengewässer ein. Hinzu kommen die Lagunen der Ostsee, die Bodden, die nahezu vollständig von Halbinseln eingeschlossen sind und nur über einen schmalen Zugang zum offenen Meer verfügen, weshalb das Wasser einen niedrigeren Salzgehalt hat. Von den knapp 1 470 Kilometern Ostseeküste entfallen 1 130 Kilometer auf die Bodden und 340 auf die offene See. Badefans und Strandläufer können sich über 270 Kilometer Sandstrand freuen. Das ist flüchtig betrachtet eine nüchterne Zahl. Aber stellen Sie sich vor, Sie würden von Hamburg nach Berlin oder von Leipzig nach Hannover nur an Sandstrand vorbeifahren. Höhe Wolfsburg im Stau, ausziehen und fix ins Wasser gesprungen. Übrigens hat Mallorca gerade mal 580 Kilometer Küste, davon ein Zehntel Strände.

Das wunderbar Unkomplizierte in MV ist, dass Sie allenfalls ein Handtuch brauchen, da Sie fast überall nackt baden können. Selbst die großen Deutschen, Goethe und Bismarck, verzichteten ja beim öffentlichen Bade angeblich auf sämtliche Kleider. Wer den sogenannten »Effi«, wie der FKK-Strand hier oft bezeichnet wird, aber nicht mag, der lässt einfach die Badehosen an oder wählt einen der zahlreichen Textilstrände. Vor jedem Aufgang zeigt sich Ihnen ein Schild, welches mit leicht verständlichen Symbolen verdeutlicht, ob sie Kleidung tragen sollten oder nicht. Da die Strände im geordneten Deutschland liegen, finden Sie auf der Tafel selbstverständlich auch die paragrafenreiche Badeordnung, deren Lektüre Sie nicht versäumen sollten, sowie Hinweise, ob Sie Ihr Pferd, Ihr Zelt oder Ihren Lenkdrachen mitnehmen dürfen oder nicht. Wenn das Symbol Hund durchgestrichen ist und Sie Ihren treuen Freund nicht bei 70 Grad im Auto garen lassen möchten, dann achten Sie auf den Wegweiser zum nächstgelegenen Hundestrand.

Als 1793 in Frankreich die Revolution in politische Bahnen gelenkt wurde, fingen die Mecklenburger an zu baden. Mit Heiligendamm, das Ihnen vielleicht noch durch den G8-Gipfel im Jahre 2007 in Erinnerung ist, wurde auf Anregung eines gewissen Dr. Vogel durch Kurfürst Friedrich Franz I. das erste deutsche Seebad eröffnet. Anfang des 19. Jahrhunderts entstanden unter anderem in Boltenhagen, Warnemünde und Sassnitz weitere Ostseebäder: Der Beginn der Badekultur auf dem Gebiet des heutigen Mecklenburg-Vorpommern.

Meine Großmutter berichtete mir, dass sie als junges Mädchen noch in sogenannten Badekarren von Pferden ins Wasser gezogen wurde, streng von neugierigen Blicken des anderen Geschlechts abgeschirmt. Dabei handelte es sich um hölzerne Umkleidekabinen auf Rädern. Diese betrat man an Land in Straßenbekleidung, zog sich innen um und nach kleiner Kutschfahrt in die See durfte man den Karren durch eine Hintertür zum Bade verlassen. Die zahlreichen Nichtschwimmer konnten sich an einem Tau buchstäblich über Wasser halten.

Die Bademode hatte um 1900 geradezu groteske Züge angenommen. Die Damen gingen mit Strümpfen, Hüten und Kleidern samt Korsett ins Wasser. Männer bevorzugten Strampler. Mit zunehmender Freude am Bade wurde mehr Haut gezeigt. Freikörperkultur entwickelte sich zu Zeiten der Weimarer Republik sogar zu einem Massenphänomen. 1932 wurde dem mehr oder weniger nackten Treiben mit dem »Zwickel-Erlass« vorerst ein Ende gesetzt. Gebote und Verbote waren in diesem Schriftstück niedergelegt: »… Frauen dürfen nur dann öffentlich baden, falls sie einen Badeanzug tragen, der Brust und Leib an der Vorderseite des Oberkörpers vollständig bedeckt, unter den Armen fest anliegt sowie mit angeschnittenen Beinen und einem Zwickel versehen ist … Männer dürfen öffentlich nur baden, falls sie wenigstens eine Badehose tragen, die mit angeschnittenen Beinen und einem Zwickel versehen ist. In sogenannten Familienbädern haben Männer einen Badeanzug zu tragen …« Der Zwickel, ohne den fortan nichts mehr ging, ist ein keilförmiger Stoffeinsatz, der alles sittsam zusammenhalten sollte. Allerdings nur zehn Jahre, dann wurden die ersten FKK-Strände wieder erlaubt.

Nach dem Krieg taten sich beide Teile Deutschlands schwer mit der Freikörperkultur. Selbst in der DDR, die heute gern mit FKK in Verbindung gebracht wird, gab es einflussreiche Kräfte, welche die Nacktheit verbieten wollten. Der SED-Obrigkeit war die Badeverordnung, die noch aus der NS-Zeit stammte und das Nacktbaden erlaubte, ein Dorn im Auge. Die sogenannten Kamerunfeste (später Neptunfeste), bei denen wild bemalte Urlauber am Strand, mit Muschelketten und Schilfröckchen bekleidet, verrückte Tänze aufführten, veranlassten einige SED-Politiker, sich um das internationale Ansehen ihres Staates zu sorgen. Für den Schriftsteller und ersten Kulturminister der DDR, Johannes R. Becher, war FKK »im Interesse der Ästhetik nicht zu vertreten«, insbesondere weil »gewisse Leute sich mit ihren deformierten Körpern provokativ zur Schau stellen« würden. Becher gipfelte voller Pathos in dem Ausbruch: »Habt Mitleid! Zeigt Erbarmen! Schont die Augen der Nation!«

Von dem Texter der DDR-Nationalhymne wird noch eine nette kleine Anekdote erzählt. Becher hatte ein Haus in Ahrenshoop, der Künstlerkolonie auf Fischland/Darß. Eines Tages spazierte er am Strand, bis plötzlich vor ihm eine ältere Frau lag, nackt und nur das Gesicht von einer Zeitung bedeckt. Becher rief: »Schämen Sie sich nicht, Sie alte Sau!?« Die Frau nahm die Zeitung vom Gesicht, und zum Vorschein kam zu des Empörten Überraschung die berühmte Schriftstellerin Anna Seghers. Ein paar Monate später stand die Seghers auf der Bühne. Becher, in der Würde seines Amtes, wollte ihr den Nationalpreis erster Klasse an die Brust heften und streckte ihr die Hand entgegen. »Liebe Anna«, sagte er, »darf ich dir ...« Doch Anna Seghers fiel ihm ins Wort, und zwar so laut, dass die Genossen in den ersten Reihen es auch hörten: »Für dich, Hans, immer noch die ›alte Sau‹.«

Heute badet man mit oder ohne Zwickel, oben ohne und unten frei. Jeder wie er es mag.

Wie früher bietet das öffentliche Bad eine herrliche Gelegenheit, sich über Einheimische und Urlauber zu wundern. Machen Sie sich den Spaß und halten Sie am Strand nach folgenden Typen Ausschau:

Unfassbar Verbrannte, die wegen ihrer roten Hautfarbe schon von allen angestarrt werden, von ihrer Verbrennung selbst aber nichts mitbekommen. Noch nicht.
Bauherren, die das eigene Handtuch mit einem Sandwall umgeben oder mit Strandmuscheln, Laken, Wäscheklammern und Windschutz ganze Zeltstädte errichten.
Steher, meist männlich und Anfang 60, haben die besten Plätze und beobachten den ganzen Tag mit verschränkten Armen und mit nichts außer einer Sonnenbrille bekleidet die … Möwen.
Cremer, haben noch nichts von wasserfester Sonnencreme gehört und schmieren sich pausenlos ein.
Sportler, sind die ganze Zeit aktiv, im ungünstigen Fall betreiben Sie in Ihrer Nähe mit Holzschlägern und Ball ein Spiel, das durch den Geräuschpegel ein gewisses Wimbledon-Gefühl in den Urlaub holt. Im besten Fall sind die Sportler sich aber nicht zu blöd und machen an einem gut besuchten Strand einen Lauf, meist einen Schlängellauf um die anderen Urlauber, im bemerkenswertesten Fall tun sie dies auch noch nackt.

Quo vadis? Links oder rechts? Eine der entscheidenden Fragen des Urlaubs ist die nach dem besten Liegeplatz am Strand. Es geht darum, die vielleicht mehrere Stunden andauernde Anreise am Ziel auch mit dem idealen Fleckchen für sich und Ihre Badetücher zu krönen. Wenn ich an meine Kindheit am Strand denke, erinnere ich mich vor allem daran, dass meine Familie oft rastlos die infrage kommenden Stellen abgewogen und diskutiert hatte, ehe sie erschöpft Kühltaschen, Windschutz, Spielgeräte und Luftmatratzen fallen ließ. Auch heute verbringen

Neuankömmlinge oft Minuten auf der Düne, bevor Sie nach links oder rechts gehen. Für Ehepaare ist dies ein perfekter Zeitpunkt, um sich das erste Mal zu streiten. Oft rennt er dann einfach los, während sie ihm gereizt mit einiger Distanz folgt. Dabei ist es in der Regel gleichgültig, welche Richtung Sie einschlagen. Wählen Sie einfach links, das spart schon mal eine Menge Zeit und Nerven, schließlich werden Sie kein Haus bauen!

Hinter der Düne oder besser in der ersten Reihe? Stellen Sie sich vor, Sie sind extra früh aufgestanden, haben sich aus dem Hotel ein belegtes Brötchen vom Buffet geschmuggelt – und nun erreichen Sie als einer der Ersten den noch fast menschenleeren Strand. Vollkommen richtig halten Sie sich bei der Ankunft nicht mit der Richtungsfrage auf, sondern gehen sofort links entlang und legen Ihr Handtuch zwei/drei Meter vor die Linie, die trockenen Sand von nassem trennt. Hier spüren Sie die Weite des Meeres, hier fühlen Sie die Sehnsucht nach Ferne, Kindheit und Abenteuer. Es kribbelt Sie bei dem Gedanken, mit Quallen gefüllte Tretgruben für Passanten oder eine Kleckerburg mit Aussichtsplattform, Wassergraben und Brücke zu bauen. Nachdem Sie einige Minuten verweilen, kommt ein leichtes Hungergefühl und sie packen ihr entführtes Brötchen und im Idealfall noch eine Thermoskanne Kaffee aus. Himmlisch! Vereinzelt treffen weitere Frühaufsteher ein, aber der nächste liegt gut 50 Meter von Ihnen entfernt. Sie beobachten die Möwen, wie sie vor den Buhnen in Gruppen auf der spiegelglatten See schwimmen. Die nächsten Besucher nähern sich, ältere Herrschaften, die Ihren Windschutz unmittelbar vor den Dünen aufbauen, andere Gäste wählen einen Platz in der vorderen Reihe.

Der Mittelstreifen bleibt zunächst noch frei, aber der Abstand zum unmittelbaren Nachbarn halbiert sich zu jeder Seite. Sie stört es nicht, Sie haben den besten Teil des Tages im Gegensatz zu den Schlafmützen ja erlebt und können sich nun entspannt zurücklegen, um ein wenig Schlaf nachzuholen. Sie dösen beim gleichmäßigen Rauschen des Meeres schnell weg. Waren Sie vielleicht schon im Wasser, spüren Sie noch Minuten später ein seichtes Wogen wie nach einem Saunagang.

Wenn Sie von Hammerschlägen wieder aufwachen, liegen Sie nicht mehr in der ersten Reihe. Mit dem freien Blick auf das Wasser ist es vorbei, keine Möwen, keine Segelboote. Jetzt sehen Sie wenige Zentimeter vor sich blaue und gelbe Streifen eines Windschutzes, den eine fünfköpfige Familie gerade mit Gummihämmern gemeinschaftlich in den Sand rammt. Brennt die Sonne, dann hat die ältere Dame, die zu Ihrer Rechten Platz gefunden hat und ein Buch liest, bereits einen Sonnenschirm aufgespannt, der Ihnen und ihr etwas Schatten spendet. Die Familie vor Ihnen beendet derweil redselig die Bauarbeiten, und wenn Sie vor Ihrem Nickerchen noch das Gefühl von unbegrenzter Freiheit hatten, dann wissen Sie jetzt, was man unter einem dänischen Vorhang versteht. Die Wut über so viel Unverfrorenheit können Sie nur mit der Schadenvorfreude lindern, die Sie beim Anblick einer in den Hafen einlaufenden Fähre verspüren. Diese wird wenig später elegante, langgezogene, 50 bis 150 Zentimeter hohe Bugwellen an den Strand rollen lassen. Eine nach der anderen, bis zu 20 Minuten. An manchen Orten finden sich sogar Wellenreiter zusammen, die gewissermaßen nach den Fahrplänen der Fährlinien auf die Bretter steigen. Sichern Sie Ihr Getränk, das Sie bei Ankunft an den Buhnen eingegraben haben, und folgen Ihren neuen Nachbarn in die Fluten. Helfen Sie ihnen aber auch beim Suchen ihrer Habseligkeiten, denn bei ruhiger See und ein wenig Glück haben die Fährwellen die neue erste Reihe, samt blau-gelbem Windschutz, ordentlich unter Wasser gesetzt. Nehmen Sie am nächsten Tag den Platz direkt hinter den Dünen! Er kann auch vom Aufgang aus rechts gelegen sein.

ABER DIE FLOSSEN SCHÖN KNUSPRIG –
ESS- UND TRINKKULTUR

»Hör mal, mein Sohn, mach keine Witze!
Das ist kein Gulasch – das ist Grütze!
Dieselbe Grütze, glaub' ich fast,
Die du in deinem Schädel hast!«

Rudolf Tarnow, Burrkäwers, Band II

Die Küche Mecklenburg-Vorpommerns ist so abwechslungsreich wie seine Natur. Ostsee, Binnengewässer, Wälder und Felder bieten Fisch, Fleisch, Obst und Gemüse. Doch ganz gleich ob Flunder oder Wachtel, ob Wirsing, Apfel oder Backpflaume – gutes Essen, im Restaurant genossen, wird hierzulande erst zur richtigen Herausforderung, wenn es von einer hiesigen Fachkraft gereicht wird. Den Servicekräften können Sie einiges vorwerfen, aber Unaufrichtigkeit sicher nicht. Ehrliche Arbeit heißt in Mecklenburger und vorpommerschen Tourismusbetrieben, Sie können tief in die Gemütslage der Kellnerin schauen. Wollen Sie wirklich belogen werden? Möchten Sie ständig angelächelt und hofiert werden, obwohl Ihr Gegenüber Typen wie Sie eigentlich nicht ausstehen kann? Urlaub in Mecklenburg-Vorpommern heißt auch, sich auf einiges gefasst zu machen:

Sie setzen sich 10.45 Uhr vormittags auf die Terrasse eines Restaurants, lassen die ersten Sonnenstrahlen Ihre Nase kitzeln und wollen sich vielleicht schon vor dem anstrengenden Spaziergang ein Alster gönnen. Die Kellnerin flitzt jetzt schon das dritte Mal an Ihnen vorbei. Nur sie weiß wohin. Nach einer Weile, die Getränkekarte kennen Sie nun schon auswendig, versuchen Sie es mit einer Annäherung.

»Haben Sie schon geöffnet?«

Leicht genervte Entgleisung ihrer Gesichtszüge.

»Wonach sieht dat denn aus?«

»*Aussehen* tut es geöffnet«, erlauben Sie sich eine freundlich-ironische Stichelei.

»Mittagskarte gibt es aber erst ab halb zwölf«, antwortet sie auf eine Frage, die Sie nicht gestellt haben, aber Sie sind ja dankbar über jede Kommunikation, die Sie Ihrem Alster näher bringt. Wenn Sie wissen möchten, wie dumm die Frau gucken kann, lassen Sie sich statt der Mittags- die Abendkarte bringen. Zeigen Sie Verständnis. Das ist der Typ Kellnerin, der nun schon so lange hier arbeitet und ausgerechnet heute wirklich keine Lust hat. Bleiben Sie ruhig! Konfrontation bringt sie höchstens aus der Urlaubsstimmung. Hartnäckige Freundlichkeit ist das, was die Kellnerin braucht und Sie Ihr Ziel erreichen lässt.

Ein anderer Typ Kellner ist der mit den andressierten Manieren. Er bemüht sich nach Kräften um einen gewählten Ausdruck, da Vornehmes offenbar zum Leitbild seines Arbeitgebers gehört. Gäste in kurzen Hosen und Badelatschen werden mit »der Herr« oder »die Dame« angesprochen. Bemerkenswert wird es, wenn er sich beim Abräumen über den Tisch beugt und die augenscheinliche Rentnerin fragt, ob es noch eine Tasse Kaffee für die »junge Frau« sein darf. Die Aufgabe der Authentizität hat durchaus tragisch-komische Momente.

Am sympathischsten ist die aufrichtige Kellnerin, die Sie direkt an ihren Gedanken teilhaben lässt. Zunächst werden Sie begrüßt mit »Na, was essen wir denn heute?«. Ohne die leise Chance einer Antwort, gibt sie Ihnen umgehend zu bedenken, dass sie das Steak essen würde, wenn sie Sie wäre. Selbstverständlich gehen Sie darauf ein und bestellen es sicherheitshalber gleich »gut durch«, da Sie bei derartigen Empfehlungen immer an Schneewittchens rote und grüne Apfelhälfte denken müssen. Wenn Sie die Kellnerin kurze Zeit später darauf hinweisen, dass Sie das Steak eben nicht blutig wollten und sie mit »oh, der Koch wieder« die Augen kreisen lässt oder sich schuldbewusst mit »bin ich blöd« dafür entschuldigt, dann muss man die Gute für ihre Offenheit einfach gern haben. Hier lohnt sich auch ein kleiner »Schnack« über Ort und Umgebung.

Grundsätzlich kann man natürlich nicht alle über einen Kamm scheren, dennoch bestätigen Umfragen, dass Gastfreundlichkeit hierzulande nicht flächendeckend anzutreffen ist. Man darf jedoch unbesorgt sein: Sicher werden Regierung oder Tourismusverband früher oder später aktiv und die nichts ahnenden Einheimischen darüber aufklären, dass nette Worte und ein offenes Lächeln überregional als vorwiegend sympathisch gelten. Allerdings sind Mecklenburger und Vorpommer Ochsenköpfe harte Nüsse und keine »Bitte recht gastlich«-Plakatkampagne der Welt wird daran etwas ändern.

Echte bis an Hingabe grenzende Freundschaft erhalten Sie nur bei einem Schluck Alkohol. Da zeigt sich des Fischkopfs geselliger Kern. Da kommt er aus sich heraus.

Hat der Einheimische Sie über Stunden, ja vielleicht sogar über Tage mit seiner Einsilbigkeit auf Distanz gehalten und Ihnen das Gefühl gegeben, dass Sie nur Dank seines unendlichen Langmutes in seinem natürlichen Lebensraum koexistieren dürfen, so genügen – wenn alle sonstigen Umstände nicht dagegen sprechen – lediglich fünf Bier und vier »Kurze«, damit er sich zu einem aufmunternden Schulterschubser hinreißen lässt. Zwei Herrengedecke später und Sie beide plaudern sogar. Zugegeben, es ist wahrlich pauschal beschrieben, aber wenn Sie beispielsweise eine rheinländische Frohnatur sind und denken, dass es genügt, zufällig Raum und Zeit mit jemandem zu teilen, um die Berechtigung zu haben, diesen Jemand anzusprechen, dann haben Sie sich hierzulande aber tüchtig geschnitten. Der Mecklenburger und der Vorpommer sind alles, nur nicht oberflächlich und schon gar nicht leicht zu haben. Man kann sich ihr Vertrauen aber eben »ertrinken«. Bier, Goldbrand, Mann un Fru (Kümmel) löschen den heimischen Durst. Besonders bei den Jüngeren erfreut sich der Cuba Libre (Havanna-Rum mit Cola und Limette) großer Beliebtheit. Wenn Sie in der kalten Jahreszeit das Land besuchen, dann sollten Sie sich als Alternative zum Glühwein den Heißen Sanddorn schmecken lassen, selbstverständlich mit Rum.

Doch auch die Ortsansässigen leben nicht vom Trinken allein, nein, sie müssen auch etwas essen. Es gibt einige Speisen, die man Ihnen auf Anfrage und nach einigem Zögern als so etwas wie Nationalgerichte nennen wird, welche dem heimischen Gaumen allerdings heutzutage weitestgehend unbekannt sind. Spezialitäten aus Schweineblut gehören dazu, etwa »Schwarzsauer« und die auch im Nordostdeutschen berüchtigte »Grützwurst«. Als Kind zog die dunkelrote Speise, die nicht ohne Grund den Spitznamen »Tote Oma« trägt, für mich einen klaren Trennstrich zwischen Alt und Jung, den Erwachsenen und mir. Die elterliche Devise »Aufessen oder morgen gibt es schlechtes Wetter« änderte daran überhaupt nichts. Nieselregen hin oder her, Großmutter blieb auf dem Teller. Diesem Prinzip bin ich bis heute treu geblieben. Es mag sein, dass derartige Gerichte für die Küstenregion als typisch gelten, tatsächlich fristen sie auf den Tellern des Landes ein Schattendasein. Zu Recht! Ebenso der Labskaus. Fragen Sie einen Einheimischen mal, wann er diesen das letzte Mal gegessen hat, und er wird noch länger schweigen als üblich. Obgleich von manchem Reiseführer als Regionalgericht bezeichnet, ist die ursprünglich für die von Skorbut befallenen, zahnlosen Seemänner erfundene Speise aus püriertem Pökelfleisch eher eine Hinterlassenschaft der englischen Küche – und deren Qualität soll an dieser Stelle besser unkommentiert bleiben.

Wie überall sind auch in Mecklenburg und in Vorpommern die traditionellen Speisen geprägt von dem, was die Natur seit jeher zu bieten hat, und dem, was die Arbeit den Menschen körperlich abverlangt beziehungsweise früher abverlangt hat. Gekocht wird deftig, nahrhaft und keineswegs so fischlastig, wie man vermuten sollte. Schwein, Rind, Wild und Geflügel kommen ebenso auf den Tisch wie die wechselwarmen Wirbeltiere aus Salz- und Süßwasser. Gegessen wird gern süßsauer mit gebackenen Äpfeln und Pflaumen. Auch Grün- und Weißkohl gehören zur etablierten Küche, bei der in keinem Fall die Kartoffel fehlen darf – gestampft, gebraten, gebacken, ungepellt oder gepellt. Über Jahrhunderte war sie für den größten Teil der zumeist armen Bevölkerung neben Kohl, Rüben und Pferdebohnen das Hauptnahrungsmittel. Fleisch und Fisch konnten sich die auf See oder auf dem Acker hart arbeitenden Menschen nur selten leisten. Heute bekommen Sie selbst in erstklassigen Restaurants des Landes neben moderner, mediterran geprägter Küche deftige Spezialitäten serviert, beispielsweise einen Mecklenburger Schweinebraten gefüllt mit Backpflaumen und Äpfeln auf Wirsing und Röstkartoffeln. Auch über die geräucherten Süßwasserfische sollten Sie nachdenken. Köstlich wären aus der Müritzregion zum Beispiel die Forelle, der Saibling und die Maräne. Der Ostseefisch gehört auf familiären Zusammenkünften häufig ebenso zur Feier wie der Baum zum Weihnachtsfest. Sprotten werden nebenbei verzehrt wie andernorts Kartoffelchips. Ganz hoch im Kurs sind geräucherter Heilbutt, Flunder und Aal. Dazu gibt es eiskalten Köm, wie man den Kümmelschnaps hierzulande nennt.

Und ja natürlich, Sie finden auch das Wiener Würstchen Vorpommerns, den Bismarckhering, auf Ihrer Reise durch das Land. Der Geschichte nach erlaubte der Reichskanzler und bekennende Fischliebhaber dem Stralsunder Händler Johann Wiechmann 1871, dem durch Essig konservierten Hering seinen Namen zu geben. Zuvor hatte ihm jener ein Fässchen des eingelegten Fisches zugesandt. Seither bekommt nahezu jeder bedeutende Politiker, der vorpommerschen Boden betritt, Heringe überreicht. Gerhard Schröder und George W. Bush konnten sich bereits zu den Glücklichen zählen. Auch Sie sollten sich die Spezialität, vielleicht während einer ausgiebigen Wanderung, nicht entgehen lassen. Nur bitte nehmen Sie sich vor den ach so schicken Restaurants in Seebrückennähe in Acht. Da bekommen Sie leicht auch mal statt eines eingelegten Herings zwischen zwei Brötchenhälften für 1,50 Euro designten Heringsschaum mit einem Stängel Roter Beete, angerichtet wie Bismarcks Bart, für den sechsfachen Preis. Das ist nicht von hier.

Wie in allen Ferienregionen ist auch in Mecklenburg-Vorpommern Vorsicht vor Gute-Lage-Lokalen mit regionalem Flair geboten. Eigentlich genügt ein Blick auf die Vorspeisenauswahl, um die Touristenfalle zu entlarven. Obgleich Sie ein Bundesland besuchen, das reich an Anbaugebieten wunderbarer Zutaten für leichte Suppen und köstliche Appetithappen ist, sollen Sie zwischen frisch Aufgetautem, wie Gulasch, oder in der Dose Konserviertem, wie dem unvermeidlichen Ragout fin, entscheiden. Letzteres soll dem Besucher durch die französische Bezeichnung wohl Weltläufigkeit und Raffinesse suggerieren. In Wahrheit jedoch gehört das auch »Würzfleisch« genannte überbackene Allerlei seit Jahrzehnten zum Repertoire fragwürdiger Ausflugsgaststätten, die diese Vorspeise parallel auch auf dem Schweinesteak au four anbieten möchten.

Die gute Nachricht ist, dass sich meist ein wenig abseits der Promenaden, mitunter sogar auf dem Lande, Restaurants mit einer modernen Küche etablieren. Da Sie sich insbesondere in den Sommermonaten ja sicher beim Bade der Republik zeigen wollen, wird es Sie erfreuen, dass nicht nur schwerer Rippenbraten und Räucherfisch angeboten werden. Die Gerichte sind leicht, mediterran beeinflusst und verwenden frische, regionale Zutaten. Es gibt mittlerweile Bücher und Internetportale, die Ihnen die geheimen Verstecke der Köche aufzeigen. Wenn Sie sie finden, werden Sie sicher die eine oder andere positive Erfahrung machen, die ortstypische Bedienung ist dabei selbstverständlich inbegriffen.

REZEPTE
Vielleicht haben Sie während oder im Anschluss an Ihre Reise nach Mecklenburg-Vorpommern Zeit und Muße, sich ein Gericht zu kochen, wie man es in Orten gern isst, deren Namen wie Kussewitz, Basedow, Klockenhagen oder Schlemmin klingen.

KOHLSUPPE   (4 Portionen)
Junger Wirsingkohl, von dem hängt alles ab
300 g gepökelter Schweinebauch
Kräuter
200 g Möhren
300 g Kartoffeln
1 mittelgroße Zwiebel
Lauch
Meersalz

- Den Schweinebauch über Nacht wässern, damit das überschüssige Salz herauskommt;
- am nächsten Tag das Fleisch langsam zum Kochen bringen;
- Kräuter hinzugeben;
- Gemüse putzen, würfeln, zerkleinern und anschließend in den Fleischfond mixen;
- ca. 1 Stunde auf kleiner Flamme garen lassen;
- gereicht wird alles separat: Brühe, Gemüse und Fleisch, am besten mit Roggenbrot.

MECKLENBURGER FLIEGENSUPPE
(für 6 Personen)
Der Name kommt von den fein gehackten Kräutern, die oben auf der Suppe schwimmen.

6 mittelgroße Kartoffeln
1 Bund Kerbel
900 ml Milch
125 g Crème fraîche
Meersalz
Pfeffer
Muskat

- Kartoffeln mit wenig Wasser kochen;
- wenn diese gar sind, sie zerdrücken, aber nicht das Wasser abgießen;
- anschließend mit Milch und restlichem Wasser aufkochen;
- Crème fraîche hinzugeben;
- abschmecken;
- den Kerbel abzupfen, waschen, gründlich abtropfen lassen und sehr fein schneiden;
- Suppe mit dem Kerbel bestreut in einer Schüssel servieren.

KABELJAU UND WEISSE BOHNEN
(für 4 Personen)
750 g Filet vom Kabeljau
Meersalz
500 g Weiße Bohnen
1–2 Zwiebeln
2 Knoblauchzehen

Thymian
Lorbeer
Petersilie
3 Tomaten
Butter
Olivenöl
Pfeffer

- Filet mit dem Salz einreiben und in Folie gewickelt kalt stellen;
- Bohnen einweichen und langsam mit den Zwiebeln etc. zum Kochen bringen;
- nach der Hälfte der Garzeit salzen;
- Tomaten blanchieren, Fruchtfleisch herauslösen, in Würfel schneiden;
- Filet abspülen und trocken tupfen;
- die Bohnen mit dem Schanklöffel herausnehmen;
- nebenbei den Fond sirupartig einkochen;
- die Bohnen wieder dazugeben;
- vorsichtig die Butter hinzufügen;
- Kabeljau in Olivenöl in einer Schüssel schwenken und ein wenig ruhen lassen;
- dann in der Pfanne kurz anbraten;
- anrichten: Bohnen, Filet, Petersilie und Tomatenwürfel.

REDEN ODER SCHWEIGEN –
SPRACHE UND LITERATUR

Worüber man nicht reden kann, darüber muss man schweigen, lautet ein philosophischer Lehrsatz. Dem Klischee nach dürfte es für Mecklenburger und Vorpommern eine ganze Menge Dinge geben, über die sie nicht reden können. Denn die Schweigsamkeit, um nicht zu sagen Maulfaulheit, wird ihnen immer wieder zugeschrieben. Ein Stück Wahrheit steckt sicherlich darin, und ein Telefonat mit einem Mecklenburger kann zur Herausforderung werden.

Auf den ersten Blick ist die Sprache, in der sich die Menschen in MV austauschen, einigermaßen frei von Eigenarten. Wo man sich etwa bei Filmen aus Bayern oder dem Schwabenland manchmal Untertitel wünscht, so unverständlich sind dem Uneingeweihten die Dialoge, so klar ist die Sprache im Norden. Abgesehen von ein paar Vokabeln, die sich auch anderswo herumgesprochen haben. Der »Feudel« zum Beispiel, mit dem der Wischlappen für den Boden bezeichnet wird. Ein hübsches Wort, verglichen etwa mit dem sächsischen »Scheuerharder«. Ansonsten dürfte es selbst Ureinwohnern nicht leicht fallen, sprachliche Auffälligkeiten zu benennen.

Verständigung in Mecklenburg und Vorpommern stellt also kein Problem dar? Mitnichten. Denn natürlich gibt es auch in dieser Gegend Eigenarten und Auffälligkeiten. Ein Freund erzählte mir einmal von einer Begebenheit tief im Landesinneren. Der junge Mann, aus dem Ruhrgebiet gebürtig, blieb irgendwo zwischen Käsow und Roggow, zwischen Gutow und Ganschow mit dem Auto liegen. In seiner Not fand er eine kleine Werkstatt, wo ihm auch prompt geholfen wurde. Am Ende war das Gefährt heil – aber mein Freund am Boden zerstört. »Ich habe mich in meinem Leben noch nie so erniedrigt gefühlt«, klagte er. Was war geschehen? Die Jungs von der Werkstatt hatten ihn beim Kundengespräch ausschließlich in der dritten Person Singular angesprochen. »Na, was hat er denn für ein Problem?« – »Hat er die Fahrzeugpapiere mit?« – »Kann er mal den Motor anlassen?«

Also doch Verständigungsprobleme. Wer den Menschenschlag kennt, der weiß, dass ihm Ironie nicht fremd ist, im Gegensatz zur Arroganz. Und so ist auch die Anrede in der dritten Person eher in diese Richtung zu deuten: als ironisch-vertraulicher Umgang mit dem Fremden. Nicht als geringschätzige Herrschaftssprache. Ein Phänomen, das einem nicht so sehr im Supermarkt begegnet, sondern eher in beschaulicher Umgebung, beim Gespräch übern Gartenzaun oder im kleinen Geschäft um die Ecke, wo der Inhaber noch selber hinterm Tresen steht. »Na, hat er sich schon was ausgesucht?« Man dreht sich um und stellt fest: Ich bin allein im Lande. Diese sprachliche Eigenart stellt ein Entgegenkommen des Gesprächspartners dar. Aber er ist sich nicht sicher und bleibt deshalb auf dem Weg vom »Sie« zum »Du« beim »Er« stecken.

Bei Weitem nicht die einzige Eigenart. Manchmal neigen Mecklenburger und Vorpommern dazu, die Satzkonstruktionen eigenartig zu zerrupfen. Einmal erlebte ich einen kurzen Dialog in einer Schulklasse. Mitschüler Jan hatte auf dem Boden ein Taschentuch gefunden. Er hielt es in die Höhe und rief in die Runde: »*Wem* sein Taschentuch ist das?« Mitschülerin Mareike konnte auf jeden Fall helfen und zeigte auf ihren Nachbarn: »*Ihm* seins!«

Möglicherweise spricht daraus eine gewisse Skepsis dem Genitiv gegenüber. Tatsächlich sind in Mecklenburg und Vorpommern nicht nur die Genitive gefährdet, sondern auch alle anderen Fälle, die die deutsche Sprache bereithält. Im täglichen Umgang treibt das Blüten, da werden einem die Knie weich. Ein Freund berichtete von einer Begebenheit auf einer Baustelle. Der Polier wies die drei Lehrlinge an, sich Eimer zu schnappen und mitzukommen. Er tat dies mit dem prägnanten Satz: »Du, er, ihm und die Eimers. Ihr kommt alle mit.« Unser Freund muss wohl ein wenig irritiert ausgesehen haben. Sein Kollege stupste ihn darauf aufmunternd an: »Das kriegen wir alles im Griff rein!«

Dieser Umgang mit der Sprache mag auf die Charaktereigenschaften der Menschen schließen lassen. Es dauert eben eine Weile, bis man einen Satz, eine Handlung oder einen Vorgang in seine Einzelteile zerlegt hat. Vielleicht ist die Langsamkeit, die den Mecklenburgern und Vorpommern nachgesagt wird, im Grunde nur eine Art der Genauigkeit. Und so wie Homer Simpson einmal eine neue, zwischen Frühstück und Brunch gelegene Mahlzeit entdeckte, so erfreuen sich die Leute hier selbst an elementaren Vorgängen und sagen zum Beispiel: »Nu gah sitten!« (»Geh dich setzen!«)

Aber trotz dieser Ausnahmen bleibt es dabei: Insgesamt benehmen sich die Menschen in Deutschlands Nordosten sprachlich eher unauffällig. Call Center werden angeblich deshalb hier so gern gegründet, weil den potenziellen Mitarbeitern nicht erst ein schwerer Dialekt ausgetrieben werden muss. Tatsächlich ist das Hochdeutsche die Alltagssprache, abgesehen von Eigenarten wie den typisch norddeutschen breiten Vokalen. Eine für Außenstehende mitunter überraschende Tatsache. Als ich 1990 nach Bremen ging, um dort in den Sommerferien zu arbeiten, erntete ich immer Erstaunen, wenn es um meine Herkunft ging. »Du bist aus dem Osten? Du sprichst gar nicht so!« In der Wahrnehmung war der Dialekt von Walter Ulbricht bis zu den Teilnehmern der Leipziger Montagsdemonstrationen in den Nachrichten so präsent, dass es für Außenstehende zwischen Ostsee und Erzgebirge nur das Sächsische gab.

Wie in Hamburg oder Lübeck gilt zwischen Boltenhagen und Binz, zwischen Waren und Warnemünde das Niederdeutsche als heimliche Landessprache. So heimlich, dass kaum noch jemand davon weiß. »Ick snack Platt. Du ok?«, liest man immer mal auf Stickern an Autos. Die Antwort darauf lautet vor allem bei Jüngeren meist: »Nein.« Und zwar auf Hochdeutsch. Selbst wenn hier und da auch unter jungen Leuten plattdeutsche Brocken ins Gespräch geworfen werden – mit dem Verstehen ist es nicht weit her. Als Kinder mussten wir sonntags zum Frühstück Plattdeutsch-Sendungen hören, in denen andauernd Witze erzählt wurden. Wir lauschten aufmerksam, verstanden immer gerade so die Geschichte, die sich langsam aufbaute. Aber die Pointe war in der Regel ein mehrdeutiger und für uns unverständlicher Wortwitz. Die Eltern schlugen sich auf die Schenkel, und wir wollten lieber spielen als Platt lernen.

So stirbt die Sprache langsam aus, auch wenn etliche trotzige Niederdeutsch-Vereine versuchen, ihren Niedergang aufzuhalten. Die Hoffnungen ruhen dabei vor allem auf den schmalen Schultern von Kindergartenkindern, die vormittags plattdeutsche Reime lernen, um sie nachmittags in Seniorentreffs aufzusagen. Mehr als Lautmalereien sind das in der Regel nicht, aber die Rentner haben trotzdem Tränen in den Augen. Es ist aber auch zu schön, wenn die Kleinen ein niederdeutsches Lied anstimmen. »Dat du mien Leewsten büst« zum Beispiel, ein einfaches Volkslied, das als heimliche Hymne Mecklenburg-Vorpommerns gilt. Was erstaunlich ist, fordert doch der Text zu vorehelichem Sex in der Wohnung der Eltern auf. Vielleicht ist es doch ganz gut, dass die Kleinen nicht wissen, was sie da singen.

Sinnenfremd sind die Mecklenburger und Vorpommern jedenfalls nicht. Die Sprache spiegelt das in unendlich vielen Zoten wider. Wenn plattdeutsche Witze erzählt werden, sind sie in der Regel anzüglich. Dennoch ist das heutige Platt für manchen Wissenschaftler keine eigenständige Sprache mehr, sondern nur ein Dialekt ohne einheitliche Grammatik. Außerdem spricht jede Region ihr eigenes Platt. Das Wort »löhmig« zum Beispiel, es bedeutet »trüb« auf Flüssigkeiten bezogen, ist meiner in Mecklenburg-Strelitz aufgewachsenen Mutter geläufig, meinem Warnemünder Vater aber nicht. Ein bisschen ist in diesem Dialekt die Zeit stehen geblieben, und in dieser Hinsicht stimmt, dass in Mecklenburg-Vorpommern manche Dinge etwas später kommen als anderswo. Auf die sogenannte »zweite Lautverschiebung« jedenfalls, die anderswo ab dem achten Jahrhundert den »Appel« zum »Apfel« machte, warten wir heute noch. Vielleicht liegt den Leuten deshalb die Zunge, die auf Platt »Tung« heißt, so schwer im Mund.

Das gilt übrigens nicht nur fürs Deutsche. Denn auch in Fremdsprachen wird in Mecklenburg und Vorpommern viel geschwiegen. Während es zum Beispiel in Skandinavien völlig normal ist, dass man sich als Tourist in seiner Landessprache oder wenigstens in Englisch verständigen kann, muss man sich in MV als Ausländer aufs Gestikulieren verlegen. Speisekarten in Fremdsprachen? Kellner, die Bestellungen auf Englisch aufnehmen? Passanten, die, wenn sie auf Ausländisch nach dem Weg gefragt werden, mehr als nur freundlich mit den Schultern zucken oder den Frager anbrüllen, als gäbe es nur ein akustisches, kein sprachliches Problem? Fehlanzeige. Dabei ist die Nähe des Niederdeutschen zum Englischen offenbar. Selbst in Schweden oder Dänemark erwiesen sich Brocken von Platt als hilfreich, wenn die Sprache denn noch jemand spräche. Die Russisch-Monokultur an allgemeinbildenden DDR-Schulen hat nicht nur das Plattdeutsche gründlich verkümmern lassen, sondern auch die Verbreitung des Englischen verhindert. Vielleicht werden aus diesem Grund Call Center in Mecklenburg-Vorpommern nach kurzer Zeit wieder geschlossen.

Wie so oft in der Region muss man auch bei der niederdeutschen Sprache die Blütezeit weit in der Vergangenheit suchen. Denn das war sie einmal – ein Medium zum Transport neuer Ideen. In der Zeit der Hanse sprach man Niederdeutsch sogar im Ausland, und eine geradezu umstürzlerische Funktion kam ihr in der Reformation zu. Der Rostocker Pastor Joachim Slüter zum Beispiel predigte auf Niederdeutsch, in der Sprache des Volkes. Das kam an. Slüter handelte sich bei den Kirchenvätern ordentlich Ärger ein, aber seine Predigten waren so beliebt, dass er sie unter freiem Himmel halten musste, weil die Kirchen zu klein wurden.

Angesichts einer Geschichte allerdings, die immer wieder den Rückzug des Landes in die völlige historische Bedeutungslosigkeit verzeichnet, verwundert die Bedeutungslosigkeit der Sprache nicht. Zumal es zeitweise einen eklatanten Mangel an Sprachbenutzern gab. Als im Dreißigjährigen Krieg die Truppen verschiedener Nationalitäten durch die Region zogen und sie verheerten, wurden mancherorts so viele Landeskinder umgebracht, dass man sich wundert, überhaupt noch niederdeutsche Überlieferungen in gesprochener Sprache vorzufinden. 1640 war die ursprüngliche Bevölkerung Mecklenburgs von rund 300 000 Menschen auf weniger als ein Viertel geschrumpft. Wo niemand mehr da ist, um zu sprechen, muss geschwiegen werden.

Dennoch gibt es sogar niederdeutsche Literatur, und es überrascht nicht wenig, dass das Mecklenburger Platt einst das Zeug zum Bestseller hatte. Zu verdanken ist das vor allem dem Autor Fritz Reuter (1810 bis 1874), der lange Romane ausschließlich auf Platt schrieb – und damit im 19. Jahrhundert ein Millionenpublikum erreichte. Wer kein Plattdeutsch beherrschte, der lernte es eben. Vergleichbar ist das wahrscheinlich nur mit der Euphorie, die die letzten beiden Harry-Potter-Bände in den englischen Originalausgaben in die deutschen Bestsellerlisten beförderte, weil selbst Sechst- und Siebtklässler sich mit dem Roman und einem Wörterbuch unter der Bettdecke durch den Text arbeiteten.

Dabei begann Reuters Karriere zunächst als vom Vater ungeliebter Versager und Querulant, der keine Lust auf Schule und Studium hatte. Den negativen Höhepunkt erreichte sein Leben, als man ihn einkerkerte und zum Tode verurteilte, weil er sich einer der die deutsche Nation fordernden Burschenschaften angeschlossen hatte. Das Urteil wurde jedoch aufgehoben und in milde 30 Jahre Haft umgewandelt, von denen Reuter immerhin noch sieben absitzen musste. Als er auf freien Fuß kam, hatten die Jahre im Knast deutliche Spuren in dem jungen Mann hinterlassen. Der Biograph Julius Stinde beschrieb den durch Reuters Alkoholismus vereitelten Versuch eines Neuanfangs in Heidelberg so: »Dort in der paradiesischen Gegend boten sich ihm die langentbehrten Genüsse des Lebens, und er ergriff den schäumenden Becher der Freude mit brennender Hast.« Bis heute ist dieser Becher der Freude manchem Mecklenburger und Vorpommer mehr als vertraut, allerdings ohne dass er zuvor im Zuchthaus gesessen hätte.

Reuter hatte seinen 40. Geburtstag schon hinter sich, als er sich zu literarischen Höhen aufschwang. Schuld daran war übrigens sein Bekannter Hoffmann von Fallersleben (»Deutschland, Deutschland ...«), der Reuter zum Schreiben animierte. Mit kleinen Texten, den »Läuschen un Rimels«, fing er an. Große Romane teils mit autobiographischem Anstrich machten ihn berühmt. In Stavenhagen, wo er im Rathaus als Sohn des Bürgermeisters zur Welt kam, und in Neubrandenburg, wo er lange lebte, sind ihm Gedenkstätten gewidmet. Fritz Reuter starb zwar im thüringischen Eisenach, aber die meiste Zeit seines Lebens verbrachte er im Mecklenburgischen – in dem Landstrich, der auch Gegenstand seiner Texte ist.

Das ging nicht allen Autoren so, die sich um die mecklenburgische und vorpommersche Sprache und Kultur verdient machten. Uwe Johnson (1934 bis 1984) zum Beispiel, bei dem sich Literaturexperten mittlerweile einig sind, dass er einer der großen Autoren des 20. Jahrhunderts ist. Johnson wuchs in Anklam und dem Dorf Recknitz auf, in Güstrow ging er zur Schule, in Rostock begann er ein Germanistikstudium, das er in Leipzig beendete – mit einer Arbeit über den Güstrower Bildhauer und Schriftsteller Ernst Barlach. Die DDR verließ er 1959 – einem wichtigen Jahr für die deutsche Literatur. Denn in diesem erschienen nicht nur Johnsons »Mutmassungen über Jakob«, sondern auch Heinrich Bölls »Billard um halbzehn« und Günter Grass' »Die Blechtrommel«. Als Uwe Johnson 1984 in seinem Häuschen in Sheerness-on-Sea auf einer kleinen Themse-Insel unter noch immer ungeklärten Umständen starb, hinterließ er ein Werk, dessen geographische Pole New York und Mecklenburg heißen.

Denn in seinen Romanen kehrt Johnson immer wieder in die Heimat zurück. Er lässt viel plattdeutsche Rede einfließen in seine Texte – und bewahrt den Dialekt auf diese Weise auf. Vielleicht machen sich irgendwann doch die Niederdeutsch-Übungen der Kindergartenkinder bezahlt, wenn die Kleinen später einmal, als Erwachsene, fließend Johnson lesen, wo andere ein Glossar brauchen. Auch geographisch ist Uwe Johnson nah dran am alten Fritz Reuter, indem er lauter authentische Ortschaften auftreten lässt. Allerdings sind die wichtigsten Handlungsorte seiner Romane fiktiv. Das Dorf Jerichow zum Beispiel, von dem sein Hauptwerk »Jahrestage« handelt. Fiktion oder nicht – die Gemeinschaft der Uwe-Johnson-Deuter meint den Ort trotzdem ausgemacht zu haben: Man hat sich auf Klütz bei Wismar geeinigt. Dort steht heute ein dem Autor gewidmetes Literaturhaus.

Mecklenburgs und Vorpommerns Verhältnis zu Uwe Johnson ist geprägt durch jahrzehntelange Nicht-Wahrnehmung. In der DDR wurde fast nichts von ihm verlegt, obwohl man bis heute in Recknitz und anderswo Menschen trifft, die sich noch an »Uwe« erinnern können. Entsprechend rieb sich das Lesepublikum nach dem Fall der Mauer die Augen. Uwe Johnson einer der wichtigsten Schriftsteller Nachkriegsdeutschlands? Nie gehört.

Eindeutig eine Bildungslücke, wenn auch eine staatlich verordnete. Damit das nicht wieder passiert, folgt eine Lektüreliste – zum Einstimmen und Ausspannen:

Johann Heinrich Voß (1751 bis 1826): Gedichte, für Ausdauernde auch die seinerzeit berühmten Homer-Übersetzungen. Der von Goethe geschätzte Autor wurde in Sommerstorf bei Waren/Müritz geboren und lebte unter anderem in Neubrandenburg und Penzlin. Er entwarf sogar eine niederdeutsche Kunstsprache. Das kam aber nicht besonders an.

Hans Fallada (1893 bis 1947): »Heute bei uns zu Haus«. Teil zwei der Memoiren des gebürtigen Greifswalders Fallada, geschrieben im Inneren der Mecklenburgischen Schweiz – und in der inneren Emigration, 1943. Das Haus des »Blechnapf«-Autors in Carwitz ist heute ein Wallfahrtsort für Fallada-Fans – und die Landschaft ringsherum ein Gedicht.

Wolfgang Koeppen (1906 bis 1996): »Jugend«. Der alte Grantler aus Greifswald erinnert sich bissig und bärbeißig an seine frühen Jahre in Vorpommern. Was Koeppen zu sagen hatte, das sagte er in den 50er-Jahren. Danach war mehr oder weniger Sendepause. Seine Jugenderinnerungen bildeten eine Ausnahme – erschienen 1976.

Ehm Welk (1884 bis 1966): »Die Heiden von Kummerow«. Noch einmal innere Emigration, burlesk gewendet. Welk verfasste herzerfrischende Geschichten, angesiedelt in einem exemplarischen norddeutschen Dorf. Storys von dem zehnjährigen Martin Grambauer und seinen Freunden, erschienen 1937, später immer wieder neu aufgelegt und sogar in Vilmnitz auf Rügen erfolgreich verfilmt.

Hans Werner Richter (1908 bis 1993): »Spuren im Sand«. Richter wurde weniger durch seine Literatur als durch seinen Einfluss auf den Literaturbetrieb der Bundesrepublik berühmt. Er war einer der Gründer der legendären Gruppe 47, die in berüchtigten Diskussionsrunden die Werke junger Literaten durch den Wolf drehte. Richter kam auf Usedom zur Welt, und er wurde auch auf der Insel bestattet. »Spuren im Sand« spielt auf Usedom – Richter verarbeitete Autobiographisches.

Christa Wolf (geboren 1929): »Sommerstück«. Die Wolfs waren viele Jahre Teilzeit-Mecklenburger. Einmal brannte ihr Häuschen nahe Schwerin ab. Davon erzählt das »Sommerstück« – vor allem aber ist es eine Momentaufnahme der späten DDR, die beweist: In der mecklenburgischen Provinz kommt nichts später als anderswo, und dann kommt es auch noch schlimmer.

Brigitte Reimann (1933 bis 1973): »Franziska Linkerhand«. Ihr unvollendetes Spätwerk über eine junge Architektin schrieb die Autorin hauptsächlich in Neubrandenburg, wo sie ihre letzten Lebensjahre verbrachte. Während der Arbeit am 15. Kapitel starb Brigitte Reimann – mit 39 Jahren. 1974 wurde das Buch postum veröffentlicht. 1998 noch einmal – inklusive der zuvor von der Zensur gestrichenen Passagen. Auch empfehlenswert: die Tagebücher der Reimann.

Jürgen Landt (geboren 1957): »Der Sonnenküsser«. Brachialer Roman, ungebärdig und laut. Die Geschichte einer Jugend in Demmin zwischen Kriminalität, Knast und Ausbürgerung aus der DDR. Trägt autobiographische Züge, aber Landt erzählt für bloße Memoiren einfach zu stark.

Gregor Sander (geboren 1968): »abwesend«. Die Väter sind krank und bettlägerig geworden. Zeit, sich noch einmal an die Wende zu erinnern: Revolution 1989 in Schwerin – und die Folgen. So poetisch, so zurückhaltend und präzise hat man das noch nicht gelesen. Momentaufnahme einer Generation.

So richtig pulsiert hat das literarische Leben in MV nie. Aber ein paar Geschichten lassen sich dennoch erzählen. Zum Beispiel von der Autorin Luise Mühlbach, eine Art sozialkritische Hedwig Courts-Mahler. Sie brachte es auf sage und schreibe über 200 Romane.

Oder Martha Müller-Grählert, Autorin der notorischen Hymne »Wo de Ostseewellen trecken an den Strand ...«. So richtig berühmt wurde ihr Lied »Mine Heimat« aber erst als Cover-Version mit der Nordsee statt der Ostsee im Text.

Nach Fritz Reuter gab es noch andere Millionen-Seller. Friedrich Spielhagen zum Beispiel. 1829 in Magdeburg geboren. Spielhagen wuchs in Stralsund auf und ließ die meisten seiner erzählerischen Werke in Norddeutschland handeln. Sein 1860 erschienener Roman »Problematische Naturen« elektrisierte die Menschen regelrecht – und das mit reichlich eintausend Seiten. Eine der Hauptfiguren hieß Melitta – ein Vorname, der infolge des Romans regelrecht Mode wurde. 1911 starb Spielhagen als hoch gelobter ... und vergessener Autor.

In seinen letzten Lebensjahren zu einem Monument gemacht wurde ein Autor, an dem nicht vorbeikommt, wer sich mit Literatur aus MV befasst: Walter Kempowski (1929 bis 2007). Die Verehrung kam heftig, aber spät. Vor 1989 war Kempowski genau wie Uwe Johnson in seiner Heimatregion nur einem kleinen Kreis Vertrauter bekannt, die seine Bücher wie Kassiber herumreichten. Oder eben denjenigen, die seine Romanverfilmungen im Westfernsehen verfolgt hatten. Kempowski stammte aus Rostock, aber als er nach dem Fall der Mauer und nach mehr als 30 Jahren Abwesenheit zurückkehrte, erkannte er seine alte Heimat kaum noch wieder. »Ach Gott, ist das furchtbar«, jammerte Kempowski, als er der Schneisen gewahr wurde, die die realsozialistische Bauwut – oder auch die Unterlassung – durch die alte Hansestadt Rostock geschlagen hatte. Es dauerte Jahre, bis Stadt und Autor warm miteinander wurden und man den gebürtigen Rostocker endlich zum Ehrenbürger ernannte, ihm einen Ehrendoktor verlieh und seine Werke zum Gegenstand literaturwissenschaftlicher Seminare an der Universität machte. Kempowski vererbte dafür der Stadt einen Teil seines Archivs: die Bibliothek seiner Eltern, den Bambi, den er für den Film »Ein Kapitel für sich« bekam. Das meiste von dem jedoch, mit dessen Hilfe er seine monumentalen Werke erschuf, lagert in Berlin.

Vor allem aber vermachte Walter Kempowski seiner Heimat ein Werk, in dem er große Teile der Geschichte Rostocks, aber auch der hansestädtischen Lebenswelt, Sprache und Redensarten minutiös aufarbeitete. Romane wie »Tadellöser und Wolff« aus Kempowskis »Deutscher Chronik« werden geradezu kultisch verehrt.

Über sein Verhältnis zur Heimat stand ein schlechter politischer Stern. Die Familie verschwand 1948 aus Rostock. Am 8. März wurde Walter Kempowski von russischen Geheimdienstlern verhaftet und vor ein Militärtribunal gestellt. Das Urteil: 25 Jahre Arbeitslager wegen Spionage. Auch die Mutter und Bruder Robert kamen ins Gefängnis. 1956 wurde Walter Kempowski vorzeitig aus dem Zuchthaus Bautzen entlassen und ging nach Hamburg, wo seine Mutter mittlerweile lebte. Ihr verdankt Kempowski viel, denn ihre auf Tonband aufgezeichneten Erinnerungen bilden das Fundament etlicher Romane. Und sie hatte eine Menge zu erzählen. Gesprochenes Mecklenburgisch – bei Kempowski ist es zu Literatur geworden.

KONSTANTINOPEL AM OSTSEESTRAND –
MYTHEN, LEGENDEN UND EIN ENTSPANNTER RÜCKZUG

Wenn Mecklenburgern und Vorpommern doch einmal die Zunge locker sitzt, dann wird gern und viel erzählt. In Vorpommern scheint das besonders ausgeprägt zu sein, denn um diese Region kommt nicht herum, wer sich mit den beiden bekanntesten Legenden der Gegend beschäftigt: der von der versunkenen Stadt Vineta und der von Klaus Störtebeker. Was beide miteinander verbindet, ist vermutlich ein kräftiger Zug aus der Pulle.

Davon konnte Klaus Störtebeker ja angeblich nicht genug bekommen. Daher auch der Name: Störtebeker, das bedeutet auf Neuhochdeutsch »Stürzebecher«. Und der alte Klaus konnte der Legende nach mehr Becher stürzen als jeder andere. Grund genug, ihn zum Anführer zu machen. Seine Gefolgsleute nannten sich Likedeeler. Das nun bedeutet »Gleichteiler« und meint: Störtebeker und Co. waren so etwas wie maritime Robin Hoods, die auf der Ostsee umherkreuzten und Händler mit ihren vollgepackten und entsprechend lahmen Koggen hochnahmen.

In Wahrheit waren sie aber wohl brutale Gesellen, die nicht nur den Schlund kaum voll genug kriegen konnten, sondern auch die Taschen. Angeblich soll Störtebeker seinen sagenhaften Schatz auf der Insel Rügen versteckt haben – in obskuren Höhlen, deren Eingänge immer mal wieder gefunden werden. Vom Schatz fehlt allerdings bislang jede Spur.

Eine Goldgrube indessen tat sich auf der Insel Rügen trotzdem auf: Seit 1993 werden in Ralswiek mit über die Jahre stetig wachsendem Zulauf die Störtebeker-Festspiele ausgetragen. Ein pyrotechnisches Open-Air-Action-Theater-Spektakel, das jede Saison Tausende Besucher in seinen Bann schlägt. Und sich sogar den einen oder anderen prominenten Darsteller leisten kann. Wolfgang Lippert zum Beispiel, den Kurzzeit-»Wetten, dass …?«-Moderator, der sich einmal in Mehrfachrollen im Stück betätigte. Prominente müssen allerdings damit rechnen, dass sie zumindest unter den Einheimischen vom Ruhm des jeweiligen Störtebeker-Darstellers überstrahlt werden. Der ist in der Region nämlich überaus beliebt.

Die Festspiele gibt es eigentlich schon seit 1959. Damals wurden sie erstmals auf die eigens für die Aufführung geschaffene Freilichtbühne in Ralswiek gebracht – und zwar mit mehr als 1 000 Darstellern. Da wurde denn auch schon zu Zeiten des Kalten Krieges scharf geschossen und heftig gebrandschatzt. Der Kopf hinter dem Großereignis war ein Mann namens Hanns Anselm Perten – Schauspieler, Regisseur und Theaterintendant in Rostock. Der Text stammte von einem ebenfalls in Rostock wohnhaften Schriftsteller mit dem karibischen Pseudonym Kuba. Sein wahrer Name: Kurt Barthel. Ein DDR-Staatsdichter, den die revoltierenden Studenten von Frankfurt am Main auf dem Gewissen haben. 1967 war das Volkstheater Rostock auf Tournee im Westen. Aber das angekündigte Revolutionsstück aus der Feder Barthels erschien den Früh-Achtundsechzigern nicht links genug. Sie veranstalteten während der Aufführung einen Tumult. Kuba brach zusammen und starb.

Hanns Anselm Perten – eine neuzeitliche Legende. Er war ein überaus streitbarer Geist, der die Menschen heftig polarisierte. Die einen lieben ihn bis heute als visionären Theatermann, die anderen verachten ihn als strammen Parteisoldaten und mittelmäßigen Regisseur. Die Verehrung Pertens hat vermutlich viel mit der Zeit zu tun, in der er wirkte. Denn vor allem in den siebziger Jahren gab sich die DDR weltoffen wie zu kaum einer anderen Zeit. Im »Bezirk Rostock« wurden die Tore nach Norden aufgestoßen. Man lud Heerscharen von Menschen aus dem ganzen Baltikum zu riesigen Partys in die Hansestadt ein. In den Museen hing Kunst aus Skandinavien. An Pertens Theater wurden Stücke von Autoren aus dem Westen aufgeführt – teilweise noch früher als in der Bundesrepublik.

Als der Regisseur im November 1985 tot aufgefunden wurde, schossen die Spekulationen über den Grund seines Ablebens ins Kraut. Von Selbstmord war die Rede, sogar von Mord. Knapp 20 Jahre nach seinem Tod führte man die Diskussion erneut mit großer Vehemenz. Perten, beigesetzt auf einem kleinen Friedhof in Ahrenshoop, wurde exhumiert. Die gerichtsmedizinische Untersuchung der Überreste brachte allerdings keine neuen Ergebnisse.

Anders als bei Störtebeker. Zwar weiß niemand, ob er wirklich auf Rügen begraben ist, aber in der jüngeren Vergangenheit gab es immer mal wieder Entdeckungen, die an der bisherigen Version seiner Biografie zweifeln lassen.

Forscher fanden heraus, dass der vermeintliche Klaus wohl eher Johann hieß und auch später starb als bislang angenommen. Aber Beweise sind offenbar schwer zu erbringen, und so hängt jeder an seiner eigenen Legende. Die Wismarer zum Beispiel werden wohl für immer behaupten, Störtebeker sei in ihrer Stadt auf die Welt gekommen. Beweis: Im Stadtarchiv ist ein Störtebeker aktenkundig. Sogar sein Geburtshaus wurde ausgemacht – und mit einem Relief versehen, das den Freibeuter mit langen Haaren und Augenklappe darstellt.

Ein lokaler Historiker hat sich das Papier jedoch einmal genauer vorgenommen: Es handelt sich um einen Polizeibericht, nach dem ein Störtebeker von zwei Männern vertrimmt worden sei, woraufhin sich der berühmte Pirat an den langen Arm des Gesetzes um Hilfe gewandt habe. Das wirft natürlich Fragen auf: Störtebeker vermöbelt? Der Hüne, der mehr saufen konnte als alle anderen, in der Wismarer Innenstadt verkloppt? Und dann geht er ausgerechnet zur Polizei? Das mag man sich tatsächlich nicht so recht vorstellen bei einem Kerl, der nach seiner Enthauptung in Hamburg noch an elf seiner Kollegen vorbeigegangen sein soll – ohne Kopf. Vielleicht war »Stürzebecher« doch so etwas wie ein Synonym für Suffkopp. Dass so einen, wenn der Stoff alle ist, das Prinzip der »Gleichteiler« nicht sehr interessiert, kann man sich vorstellen. Heute ist natürlich Stoff genug da, und in Stralsund wird sogar ein Störtebeker-Bier gebraut – für alle, die den Rausch genießen.

Ganz und gar unberauscht entschieden sich die Behörden im Jahr 2005 dazu, einen Teil von Lohme auf Rügen zu evakuieren. Hotel, Imbiss, Wohnhäuser – alles wurde zur

Gefahrenzone erklärt, weil der halbe Ort im Meer zu versinken drohte. Was war passiert? Die Steilküste war eingebrochen, Tonnen von Sand und Gestein hatten sich in Richtung Meer gewälzt. Vor einem Gebäude der Diakonie tat sich ein Abgrund auf. Eben hatte das Haus noch auf sicherem Grund gestanden – und über einen grandiosen Meerblick verfügt. Nun war es von einer Minute zur anderen lebensgefährlich, sich nur in seine Nähe zu begeben. Es musste abgerissen werden. Der Bau wurde mit automatischen Baggern abgetragen, weil kein Unternehmer seine Arbeiter auf das unsichere Grundstück schicken wollte. Das Gebäude beherbergte übrigens ein Heim für Suchtkranke.

Tatsächlich haben es die Steilküsten in sich. Touristen sieht man immer mal an der Kante sitzen und mit den Beinen überm Abgrund baumeln. Einheimischen stockt da der Atem. Steilküsten sind labil, das lernt man bereits als Kind. Niemals würden wir uns nah an die Abbruchkante herantrauen – es sei denn auf dem Bauch robbend, abgesichert durch einen Partner, der, ebenfalls ausgestreckt auf dem Bauch liegend, einen an den Beinen festhält.

Die Steilküste ist ein klassisches No-Go-Area der geographischen Art. Genau wie übrigens die Buhnen, die wie lange Finger ins Meer hineinreichen, um die Wellen zu brechen, wo sie sonst zu viel Sand wegschwemmen würden. Im Traum würde uns nicht einfallen, auf ihnen zu balancieren. Die Geschichte von dem Jungen, der mit einem zwischen den glitschigen Holzpfählen eingeklemmten Fuß kopfüber im Wasser hing, hat uns als Kleinkinder erfolgreich traumatisiert. Auch wer gern im Strandhafer wandelt, zieht den unverhohlenen Ärger der Einheimischen auf sich. Denn Strandhafer wächst auf den Dünen, und die sind ebenfalls Tabu. Dünen betreten – das kommt gleich nach Autolack zerkratzen. Sind sie doch der einzige Schutz davor, dass uns das Meer hier nicht mit Mann und Maus verschlingt, Leute!

Wenn es darum geht, dass etwas im Meer versinkt, ist es an der Zeit, sich an die alte Geschichte von Vineta zu erinnern. Muss das ein Ort gewesen sein: In den einschlägigen Schriften alter Historiker wird die Ansiedlung als Metropole am Ostseestrand beschrieben. Als Multikulti-Stadt, in der Slawen und Germanen, Griechen und Barbaren so lange friedlich miteinander lebten, bis es vermutlich Schwierigkeiten mit der Integration gab und die Volksgruppen in Streit gerieten. Die einen sollen darauf die Dänen um Hilfe gebeten haben, die anderen die Schweden – und das Problem wurde dann auch gelöst: mit der Zerstörung der Stadt.

Es gibt allerdings noch eine stimmungsvollere Variante dieser Geschichte. Sie begann an einem schönen Ostersonntagmorgen. Ein kleiner Schafhirte war am Strand unterwegs, als sich vor seinen Augen eine prächtige Gebäudeansammlung aus dem Meer erhob. Der Junge trat durchs Tor, wandelte auf den Straßen umher und kam schließlich auf den Markt voller Händler. Dort hätte er die Stadt freikaufen können. Und zwar mit einem einzigen Taler, einem symbolischen Euro gewissermaßen. Aber der Kleine hatte keinen Taler, ein Investor war nicht in Sicht, und so lief er aus der Stadt hinaus, die darauf wieder im Wasser versank.

Ein alter Fischer erzählte dem Jungen dann die Vorgeschichte Vinetas: Den Leuten soll es dermaßen gut gegangen sein, dass die Kinder mit Geld auf der Straße spielten und ihnen aus Jux mit Brötchen die Hintern abgewischt wurden. Irgendwann erschien dann Vineta als Lichtgebilde überm Meer, woraufhin die Alten zu jammern und zu warnen anfingen und empfahlen, die Stadt zu räumen. Weil: Wenn man eine Sache doppelt sieht, steht deren Untergang bevor.

Natürlich hat niemand den Ort verlassen – das würde nach solch einer Warnung auch heute keiner tun. Jeder weiß, dass es gerade an hoch temperierten Tagen immer mal wieder zu Luftspiegelungen über der Ostsee kommen kann, so dass altkluge Urlauber am Horizont Dänemark oder Schweden ausmachen, wo in Wahrheit wegen der Erdkrümmung nichts als Wasser zu sehen ist. Und wer schon einmal am sommerheißen Strand ein Bierchen getrunken hat, der weiß auch, dass es mit dem Doppelt-Sehen ziemlich schnell gehen kann.

Sucht man heute auf der Landkarte den Standort von Vineta, sieht man auch nach kurzer Zeit doppelt. Oder besser gesagt: sogar vierfach! Je nachdem, welcher Vineta-Theorie gefolgt wird, findet man die versunkene Stadt wahlweise vor Koserow im Norden von Usedom, vor der Insel Ruden ein Stück weiter südlich oder vor der Insel Wollin, die zu Polen gehört. Erst wenige Jahre alt ist eine Version, nach der Vineta im Bodden nördlich des Städtchens Barth zu suchen sei – reichlich hundert Kilometer von den anderen Standorten entfernt. Erklärt wird diese neueste aller entsprechenden Theorien durch den veränderten Lauf des Flusses Peene, der vor Jahrhunderten in Richtung Barth und Halbinsel Fischland, Darß und Zingst geflossen sei. An der Mündung besagter Peene soll Vineta nämlich gelegen haben. Eine Schnapsidee? Bewiesen ist diese Theorie genauso wenig wie jede andere, aber Barth nannte sich rasch »Vineta-Stadt«, krempelte das Heimatmuseum in Richtung »Vineta-Museum« um und lockte Touristen mit Open-Air-Vineta-Festspielen. Derartige Spektakel gab es bereits in Heringsdorf, wo bis heute Jahr für Jahr und unter Beteiligung zahlreicher ortsansässiger Laiendarsteller der Untergang der Stadt durchexerziert wird.

Entdeckt wurde Vineta also bislang nicht. Es wäre spannend gewesen, was der Archäologe Heinrich Schliemann (1822 bis 1890) zutage befördert hätte, wenn er als gebürtiger Neubukower mal in seiner Heimat geblieben wäre. Stattdessen las er Homer und nahm sich angeblich schon als Kind vor, einmal Troja auszugraben. Was ihm ja dann 1873 auch gelang.

Wahrscheinlich ist Vineta langsam und unspektakulär im Meer versunken. Die Küste von Mecklenburg-Vorpommern senkt sich nämlich und verschwindet ganz gemütlich im Meer. Wo heute die Ostsee ans Ufer brandet, konnte man früher trockenen Fußes spazieren gehen – vor etwa 8 000 Jahren. Wer sich mit den Überresten unserer Vorfahren an der Küste befassen möchte, braucht einen Taucheranzug. Vor Wismar und vor Rügen wurden die Archäologen auf dem Meeresboden fündig, brachten zum Beispiel altes Werkzeug an Land.

Ein Weltuntergang war das allmähliche Versinken ihrer Umgebung für die alten Fischer und Jäger einst nicht. Als ihnen die näher rückende Brandung die Füße kitzelte, zogen sie weiter ins Landesinnere. Ganz entspannt. Ihre Abfälle ließen sie liegen. Reste von Fischen, Robben und Geflügel – Zwergsäger, Schellente, Reiherente. Und Schildkröten. Auch die gab es noch bei den alten Mecklenburgern und Vorpommern, die damals noch keine waren.

👁 Wenn Sie *Wismar* besuchen, sehen Sie sich das angebliche Geburtshaus von Störtebeker in der Speicherstraße an. Und wenn Sie schon einmal da sind, gehen sie weiter durch die UNESCO-geschützte Innenstadt in Richtung Alter Markt und besuchen die Tittentasterstraße. Das hätte dem alten Klaus gefallen – dem Trunkenbold wie dem edlen Recken.

Auch den Ort *Lohme auf Rügen* kann man wieder gefahrlos besuchen. Dank eines ausgeklügelten Entwässerungssystems konnten die gefährdeten Küstenbereiche gerettet– und vor dem Untergang bewahrt werden.

Apropos Mythen und Legenden: Sollten Sie einmal in der Gegend von Groß Bäbelin, Serrahn und Krakow unterwegs sein, dann betrachten Sie die sanften Hügel, die dichten Wälder und die klaren Gewässer ruhig genauer. Erkennen Sie ihn wieder? Richtig: Das ist der Paradiesgarten. Laut Fritz Reuter zumindest, dem niederdeutschen Star-Autor, der in seiner »Urgeschicht von Meckelnborg« den Ursprung der Menschheit in die Mecklenburgische Schweiz verlegt. Schön. Und wenn dies das Paradies ist, wo sind dann Adam und Eva? Mal auf dem Golfplatz nachsehen.

UNDERSTATEMENT PUR –
AUSSEN PLATTE, INNEN HERRENHAUS

Eine an vier Orten versunkene Stadt, ein verschwundenes Schloss und ein UFO in den Dünen: Mecklenburg-Vorpommerns architektonische Sehenswürdigkeiten sind nicht immer leicht zu finden. Dennoch ist das Land, das für seine Seen, Wälder, Alleen und Strände bekannt ist, reich an baulichen Überraschungen.

Von einem beliebigen Ort in Mecklenburg-Vorpommern braucht man durchschnittlich nur 3,5 Kilometer zu gehen, um vor einem Schloss oder Gutshaus zu stehen. Über 2 000 Herrenhäuser verteilen sich auf ca. 20 000 Quadratkilometer, das bedeutet eine »Gutshaus- und Schlösserdichte«, wie sie in Europa ihresgleichen sucht. Für den Tourismus bedauerlich ist die Tatsache, dass die Prachtbauten in Nordostdeutschland national wie international bei Weitem nicht den ihnen gebührenden Bekanntheitsgrad erreicht haben. Ein Imageproblem, das typisch ist für Land und Leute. Man mag es wohlgesinnt als Bescheidenheit auslegen, oft ist es aber das mit Armut und Zurückhaltung gepaarte Weltfremde, das es Mecklenburg-Vorpommern schwer macht, auch überregional positiv wahrgenommen zu werden. »Near Berlin and Hamburg«, versuche ich im Urlaub meine Heimat verzweifelt zu lokalisieren. Das leise lächelnde Nicken meines Gegenübers lässt mich noch ein »at the Baltic Sea« hinzufügen, doch da ist bereits klar, dass ihn auch sein kommender Deutschlandbesuch eher nach Neuschwanstein, Heidelberg oder Dresden führen wird. Dieser »globalen Wahrnehmungsschwäche« wirft die hiesige Landesregierung seit Jahren eine Marketingkampagne namens »MV tut gut« entgegen. In Hochglanz wird von dem wundervollen Land mit dem mysteriösen Namen »MV« geschwärmt. Ärgerlich, aber bezeichnend ist, dass nur etwa jeder 17. Deutsche mit »MV« auch Mecklenburg-Vorpommern verbindet. Allein die eigene Landesbevölkerung und Teile des benachbarten Brandenburgs ahnen, was sich hinter diesem Kürzel wohl verbergen mag. Über den Bekanntheitsgrad »MV«'s bei den finanzstarken Westeuropäern, Asiaten und Amerikanern möchte man in diesem Zusammenhang gar nicht erst nachdenken. Besonders gelungen: Im englischen Sprachraum steht MV für »the Maldives«, die Malediven, also die kleine Inselgruppe im Indischen Ozean mit den schönen Stränden.

Warum nun die hohe Zahl an Adelshäusern? Durch das sogenannte Bauernlegen wurden Höfe vom Adel meist gewaltsam eingezogen, um sie als Gutsland selbst zu bewirtschaften. Dadurch verschwanden insbesondere nach dem Dreißigjährigen Krieg die kleinen und mittleren Bauernhöfe. Spätestens mit Einführung der Leibeigenschaft, Mitte des 17. Jahrhunderts, konzentrierte sich der Besitz bei wenigen Junkern und Rittern. Deren neuer Reichtum erlaubte den Bau von Schlössern, verschwenderischen Parkanlagen, Burgen und Gutshäusern.

    Nach dem Zweiten Weltkrieg verfiel vieles und/oder wurde zweckentfremdet genutzt. Seit den 1990er-Jahren ging eine große Zahl der Herrenhäuser wieder in privaten Besitz über und wurde teilweise liebevoll saniert. Einige hundert Häuser werden inzwischen touristisch genutzt, so dass heutzutage grundsätzlich jedermann fürstlich und denkmalgeschützt übernachten kann.

Leider nicht mehr als Herberge zur Verfügung steht das herrliche, klassizistische Schloss in der Residenzstadt Putbus. Es ist das »Verschwundene Schloss« Rügens. Wenig märchenhaft wurde es nach dem Zweiten Weltkrieg zunächst als Lagerhalle genutzt, als Adelsbau verpönt und zu Beginn der 60er-Jahre schließlich gesprengt. Seither fragt sich der eine oder andere Tourist in der »weißen Stadt«, die sich als kulturelle Hauptstadt der Insel sieht, wo denn das Zentrum der Anlage sei. Fürst Malte zu Putbus hatte zu Beginn des 19. Jahrhunderts die Idee, ein von deutschen, italienischen und englischen Vorbildern inspiriertes Seebad zu errichten. Geblieben sind unter anderem klassizistische, weiße Häuser mit Rosenstöcken im Vorgarten, die rund um den sogenannten Circus platziert sind. Das ist ein imposanter Platz, der aussieht wie ein umgekipptes Wagenrad, mit einem Obelisken im Zentrum. Der herrliche Landschaftspark, das prächtige Badehaus Goor mit Anbindung zur See sowie das aufwendig rekonstruierte Theater, der Reitstall, die Orangerie und das Standbild des Fürsten erinnern an den Glanz vergangener Tage. Was fehlt, ist das Schloss.

Herrschaftliche Bilder, Sonnenschirme drehende Damen und zwirbelbärtige Herren mit Hut, die in Pferdekutschen steigen, hat auch vor Augen, wer die schillernden Stätten deutscher Bäderarchitektur besucht. Sellin, Binz und Göhren auf Rügen, die Dreikaiserbäder Ahlbeck, Heringsdorf und Bansin auf Usedom, Warnemünde sowie

Heiligendamm und Kühlungsborn westlich von Rostock schmücken sich mit weißen Villen, kleinen Türmchen, Seebrücken und Pavillons. Alles ist auf Erholung am Meer ausgerichtet und atmet die Luft der Kaiserzeit.

Neben der sogenannten Bäderarchitektur ist Mecklenburg-Vorpommern berühmt für seine Backsteingotik. Holz hatte sich in der Region einfach nicht bewährt, wie der Brand Stralsunds anno 1249 zeigte: Kaufleute aus Lübeck ließen die konkurrierende Stadt abfackeln. Die Einwohner bauten sie mit einer Befestigungsanlage wieder auf, dieses Mal aus Stein, genauer gesagt aus Backstein. Der rote Ziegel prägt das Bild des gesamten Ostseeraumes, insbesondere das der ehemals reichen Hansestädte. In der Blütezeit des mächtigen, mittelalterlichen Städtebundes, zwischen dem 13. und dem 15. Jahrhundert, wetteiferten Rostock, Stralsund, Greifswald und Wismar mit dem dominierenden Lübeck. Stolze Bauwerke entstanden, gewaltige Backsteinkirchen, prächtige Kontore und große Speicher. Da es in der Gegend keinen Naturstein gab, brannte man Lehm- und Tonziegel. Die wohlhabenden Kaufmannsfamilien errichteten Häuser mit konventionellen Giebeldächern und setzten aufwendig verzierte Schmuckfassaden davor. Diese lassen die Gebäude höher erscheinen, da die Flächen der Zierfassaden größer als die der eigentlichen Hauskörper sind. Als die Stralsunder ihr schönes, vierstöckiges Rathaus mit einem an Ornamenten reichen Giebel errichteten, höhnten die Hanseaten aus Lübeck: »Wie seine Kinder, hoch hinaus und nichts dahinter.«
 Die Kirchen, Klöster und Tore der Backsteingotik, die Giebelhäuser und Koggen der Hanse sind es, die dem Ost-

seeraum bis heute Seele einhauchen. Begnügen Sie sich als Besucher aber nicht allein mit den Marktplätzen, Gottes- und Rathäusern! Vieles muss man sich erst in den krummen, mit Kopfstein gepflasterten Gassen der Altstädte erarbeiten. Wenn Sie sich in Rostock oder in den Weltkulturerbestädten Wismar und Stralsund nicht in den Seitenstraßen verlieren, entgeht Ihnen der Geruch von Hafen, Fisch und Holz, den die kleinen charmanten Häuser im Schatten der großen Backsteingotik verströmen. Weitere Zeugnisse dieses Baustiles finden Sie beispielsweise auch in Schwerin (Dom), in Bad Doberan (Münster), in Güstrow (Marienkirche), in Neukloster (Propstei) oder in Neubrandenburg (Stadttore).

Weitaus futuristischer, aber nicht weniger interessant, sind die Kreationen des Rüganers Ulrich Müther. Auf dem gesamten Gebiet der ehemaligen DDR findet man die sogenannten »Sonderbauten« des kühnen Ingenieurs und Architekten. Teilweise erinnern die Gebäude mit ihren schwungvollen, nur wenige Zentimeter dicken Dächern (Hyparschalen) aus Stahlbeton an riesige Schmetterlinge und Muscheln. Sie haben mit ihren extrem reduzierten Konstruktionen und enormen Spannweiten stets etwas ungemein Leichtes und Dynamisches, wie beispielsweise der »Teepott« in Warnemünde. Auch mag man an kleinere, sozialistische Ausgaben der Sydney-Oper bei seinen Projekten denken, nur dass sie selten vor so eindrucksvollen Kulissen wie der Harbour Bridge angesiedelt sind. Von Müther stammen unter anderem auch der »Musikpavillon« in Sassnitz, die Bobbahn in Oberhof, der »Ufer-Pavillon« in Potsdam und das Wurzelwerk des Berliner Fernsehturms. Seine Schöpfungen waren für den Einsatz in der DDR wie geschaffen, da man zwar viel Arbeitskraft, aber nur wenig Material benötigte. Deshalb erwiesen sie sich auch als wahre Exportschlager. Für Devisen, die die sich sozialistisch gebende Republik dringend benötigte, baute Müther auch in Libyen, Jordanien, Kolumbien, Finnland und Westdeutschland. Das Planetarium in Wolfsburg brachte tausenden ausgewählten DDR-Bürgern Mitte der 80er-Jahre einen VW Golf. Die wirkten zwischen den Trabis, Wartburgs und Ladas ebenso ungewohnt auf den Straßen der Deutschen Demokratischen Republik wie die Projekte des selbst ernannten »Landbaumeisters aus Rügen«.

Seine Betonschalenbauten waren und sind immer markante Zentren ihrer Umgebung, an denen sich die Öffentlichkeit stets gerieben hat. Erst spät erhielt Ulrich Müther die ihm gebührende Anerkennung. Die öffentliche Diskussion im Jahr 2000 um den Abriss des »Ahornblattes« auf der Berliner Fischerinsel mit seinen steil aufragenden Zacken verlieh ihm in interessierten Kreisen Kultstatus. Studenten ketteten sich aus Protest vor den anrollenden Baggern an die ehemalige Großkantine des DDR-Bauministeriums.

Wenn auch die meisten seiner Projekte vergleichsweise große Funktionalbauten waren, so stößt man auf der Suche nach seinem Werk neben dem Warnemünder Teepott am häufigsten auf das Bild einer kleinen Seenot-Rettungsstation am Strande von Binz. Ein wahrer Klassiker moderner Architektur, der strahlend weiß aus den Dünen lugt wie ein stieläugiges UFO. 1968 wurde die Rettungsstation errichtet, 2004 von Müther selbst saniert und bis zu seinem Tode 2007 von ihm als Ausstellungsraum genutzt.

Für außerirdisch haben sowohl die hiesigen Bauern als auch deren Vieh vermutlich die Plattenbauten gehalten, die zu DDR-Zeiten auch in Mecklenburg-Vorpommern errichtet wurden. Hatte die Christianisierung dem Land noch eine Vielzahl gotischer Kirchen beschert, trugen die wirtschaftlich schweren Nachkriegsjahre den kostengünstigen Wohnungsbau selbst in die ländliche Idylle. Kaum ein Dorf, das neben Gutshaus und Kirche nicht noch eine viergeschossige Platte »versteckt« hätte. Die Ansiedlung eher unansehnlicher Nutzbauten, egal ob Schweinestall oder Wohnungsbau, geschah durchaus bewusst in unmittelbarer Nähe der Gutshäuser. Schließlich demonstrierte die aufstrebende Arbeiter- und Bauernmacht damit ihre Überlegenheit und ihren Sieg über das »protzige, verwesende Junkertum«. Fürchten Sie aber nicht, dass sie während eines auch hierzulande populären Urlaubs auf dem Bauernhof im vierten Geschoss übernachten müssen. Zwei Jahrzehnte nach der politischen Wende haben viele Dörfer durch neu entstandene Eigenheime ein Antlitz erhalten, das wiederum weder Bauer noch Kuh früher je für möglich gehalten hätten.

Wer nach Mecklenburg-Vorpommern kommt, um die romantischen Bootshäuser am Ufer der Binnengewässer oder die kleinen, reetgedeckten Fischerkaten an der Ostsee zu genießen, sollte sich an einem der schönsten Strände Rügens die wahrhaft monströse Kulisse Proras allenfalls als architektonisches Kontrastprogramm anschauen. Das »Seebad der Zwanzigtausend« ist eines von ursprünglich fünf in dieser Größe geplanten »Kraft durch Freude«-Seebädern der Nationalsozialisten. Weitere sollten unter anderem in Kolberg und Cranz, im heutigen Polen, und am Timmendorfer Strand entstehen. Vorgesehen war, in Prora 20 000 Menschen gleichzeitig einen ideologisch beeinflussten Urlaub zu ermöglichen. Mit Lautsprechern auf den Zimmern, dafür aber für nur zwei Reichsmark am Tag, sollte sich das »Menschenmaterial« der Nazis kostengünstig erholen können. Körperliche und geistige Fitness für Produktion, Krieg und Vaterland. Vom Strand aus ist der »Koloss von Prora« kaum zu sehen. Im Süden das schmucke Binz, im Norden der Fährhafen Mukran. Der mit viereinhalb Kilometern längste Bau der NS-Architektur versteckt sich hinter Kiefern, die auf den Sanddünen gewachsen sind. Bis zu 9 000 Arbeiter waren zeitgleich auf der Riesenbaustelle beschäftigt. Der Kriegsausbruch 1939 verhinderte, dass der zu Stein gewordene Größenwahn der Nazis fertiggestellt wurde. Ein Modell des Seebades Prora hatte 1937 den Grand Prix bei der Weltausstellung in Paris gewonnen. Die Planungen sahen vor, entlang der 5 Kilometer langen Küstenlinie acht sechsgeschossige, gleichartige Häuserblocks zu errichten. Jedes der 10 000 Zimmer sollte Meerblick haben.

Bemerkenswert für die Anlage wie auch für die gesamte NS-Architektur ist, dass die Funktionsgebäude der Bettentrakte und Restaurants der den Nazis eigentlich verhassten Schule des Neuen Bauens (Bauhaus) sehr nahe stehen. Wie so oft in der NS-Ideologie waren Dinge nur so lange verachtenswert, wie sie dem Regime nicht nutzten.

Nach Krieg und zwischenzeitlicher Verwendung durch die Sowjetarmee wurden die Gebäude für die Zwecke der Nationalen Volksarmee, der NVA, vollendet. In den vier DDR-Jahrzehnten waren hier zeitgleich bis zu 10 000 Soldaten mit garantiertem Seeblick stationiert.

Im nördlichen Großabschnitt des Geländes wurden zu dieser Zeit afrikanische Soldaten aus politisch befreundeten Entwicklungsländern ausgebildet. Der südliche Teil der Anlage beherbergte die Angehörigen der NVA im Kinderferienlager beziehungsweise im Erholungsheim. Aus heutiger Sicht wirkt diese Zusammenstellung doch sehr bizarr. Sicher würde man im Familienurlaub gern auf die unmittelbare Nachbarschaft mehrerer tausend in- und ausländischer Soldaten verzichten. In der damaligen Logik war die gemischte Nutzung jedoch durchaus konsequent.

An so historischer Stätte wie Prora werden gern Geschichten erzählt, die teilweise einen zweifelhaften Wahrheitsgehalt besitzen, aber Mythen umso mehr befeuern. Beispielsweise soll es unter der Kompaniestraße weitläufige Katakomben geben, die heute geflutet und deshalb nicht mehr zugänglich sind. Auch hält sich trotz des sehr flachen Wassers vor dem Objekt hartnäckig das Gerücht, dass die Nazis dort begonnen hatten, eine U-Boot-Durchfahrt unter Rügen zu bauen.

Nach der Wiedervereinigung wurde viel über die Nutzung der Anlage gestritten. Zwar errichtete man auf dem Gelände ein Dokumentationszentrum Prora, das aufgrund von Finanzierungsengpässen regelmäßig vor dem Aus steht, aber die Chance eines angemessenen Umgangs mit einem Teil der deutschen Geschichte, beispielsweise nach dem Vorbild des Nürnberger Parteitagsgeländes, wurde vertan. Der größte Teil des Monumentalbaus wird wohl auf lange Sicht als Bettenburg für hunderte Touristen genutzt werden – wenn man kolossale Betonklötzer mag ein idealer Ausgangspunkt, die Architektur des Landes zu erkunden. Schlösser, Reetdächer und Leuchttürme findet man auf ganz Rügen, das mondäne Binz mit Bäderarchitektur und Müthers Rettungsstation ist praktisch in Steinwurfnähe, ebenso Putbus. Den backsteinernen Stralsund und Greifswald ist auf der An- bzw. Abreise kaum auszuweichen. All das auf jeden Fall mit Meerblick. MV tut eben gut!

» Usedomer Eiffelturm«: Der einstmals modernsten Eisenbahnbrücke Europas sprengte die Wehrmacht 1945 den Schienenstrang weg. Was blieb, ist ein sonderbarer, 35 Meter hoher Stahlkoloss im Wasser des Peenestroms bei Karnin/Usedom.

• *Kraftwerk in Peenemünde:* Das beeindruckende Museum trägt, dem Anlass gerecht, den schmucklosen Namen »Historisch-Technisches Informationszentrum Peenemünde«. Auf dem Gelände der ehemaligen Heeresversuchsanstalt, zwischen 1936 und 1945 eines der modernsten Technologiezentren der Welt, steht das größte technische Denkmal des Landes. Von hier aus wurde die erste Rakete ins All gestartet. Eine Vielzahl von Großexponaten zeugt davon und begeistert Industrie- und Technologiejünger. Peenemünde gilt als Wiege der modernen Luft- und Raumfahrt. Der geleistete technische Fortschritt wurde jedoch mit dem Blut zehntausender Zwangsarbeiter und bei Raketenangriffen Umgekommener bezahlt.

• *Slawensiedlung Groß Raden:* So lebten und bauten die Slawen vor über 1 000 Jahren – seit den 1970er-Jahren wird in Groß Raden eine Siedlung aufwendig ausgegraben, freigelegt und restauriert – spannend nicht nur für Freunde der Archäologie.

• *Ozeaneum in Stralsund:* Das Ozeaneum ist außen wie innen ein faszinierendes Museum. Das auf der traditionellen Hafeninsel errichtete moderne Gebäude wird in eigenen Prospekten zu Recht mit Worten wie »umspielen«, »gebogen«, »bewegen«, »durchströmen«, »leicht« und »rund« in Verbindung gebracht. Auch die Ausstellung lohnt sich. Wem die Besucherschlange jedoch zu lang ist, für den bietet das nahe gelegene, alte Meereskundemuseum sicher eine preiswertere, aber nicht weniger interessante Alternative.

• *Backstein:* Die Internetseite www.eurob.org des Betreibers Europäische Route der Backsteingotik e.V. stellt die Städte der Backsteinarchitektur im gesamten Ostseeraum anschaulich vor. Wenn Sie vor einem Zeugnis dieser Bauepoche stehen, dann denken Sie mal einen Augenblick daran, dass jeder einzelne rote Ziegel reine Handarbeit ist.

»DA IS JA MAN GAR NIX ZU ERKENNEN!« –
KUNST UND KÜNSTLER

Die Bewohner Mecklenburg-Vorpommerns haben gewöhnlich ein, vorsichtig ausgedrückt, bodenständiges Verhältnis zur Kunst. Reaktionen auf Präsentationen moderner Kunstwerke fallen, neudeutsch gesprochen, bestenfalls »schaumgebremst« aus, das Interesse wird zunächst mal auf das Wesentliche reduziert. Entsprechend die Kommentare: »Damit kann man Geld verdienen?« oder »Da is ja man gar nix zu erkennen!« sind häufige Reaktionen. In kaum einem Bundesland leben verhältnismäßig so viele Künstlerinnen und Künstler. Und in kaum einem anderen Bundesland werden sie so gering geschätzt. Ein Kunstmarkt, der sich aus einheimischen Käufern nährt, ist nahezu nicht existent. Ernstzunehmende Galerien kann man an einer Hand abzählen. Und trotzdem lieben die Künstler dieses Mecklenburg-Vorpommern, lassen sich in einem der vielen Dörfer nieder, erstehen baufällige Bauernkaten, die sie dann ihr ganzes Leben lang renovieren. Irgendetwas muss dran sein an dieser Region. Dieser Himmel, die Weite, dieses ganz besondere Licht.

Als der Künstler Günther Uecker, seit den 60er-Jahren berühmt für seine Nagel-Skulpturen, im Jahr 1988 mehrere hundert seiner Werke in Moskau ausstellte, kam er auch mit hohen Militärs ins Gespräch. Thema war dabei allerdings nicht die zeitgenössische Kunst. Sondern Mecklenburg. Uecker wollte zurück nach Hause: auf die Halbinsel Wustrow westlich von Rerik, wo er aufgewachsen war. In den 50er-Jahren hatte er die DDR verlassen, Kunst studiert, später Picasso in Frankreich kennengelernt, seine Schwester hatte den berühmten Blau-Künstler Yves Klein geheiratet. Jetzt wollte er seine alte Heimat wieder besuchen. Wustrow – eine verbotene Halbinsel westlich von Rostock. Erst von den Nazis, dann von den Russen militärisch genutzt. Schon 1989, noch vor dem Fall der Berliner Mauer, durfte Uecker die Insel wieder betreten.

Tatsächlich sind unter den Künstlern im Land viele Rückkehrer. Sie studierten in Berlin, Halle, Dresden oder Leipzig, um dann wieder in die heimischen Gefilde zurückzukehren – in besagte wunderbare Landschaften, auf große Grundstücke und oft in finanzielle Engpässe. Denn mit offenen Armen werden sie nicht empfangen.

Neulich traf ich in einer Galerie eine Frau mittleren Alters, die sich interessiert umblickte. Schließlich griff sie die Preisliste – und legte die Stirn in Falten. Weil die Listen knapp waren, sah ich ihr über die Schulter. »Muss ich so was haben?«, fragte sie plötzlich. »Ich kann jeden Tag aus dem Fenster schauen, dann sehe ich auch etwas Schönes.«

Wer in Mecklenburg-Vorpommern eine Ausstellung eröffnet, der muss damit rechnen, dass Leute kommen, die den kostenlosen Wein austrinken und sich dann über die Kunst lustig machen. Man kann auch Kunst-Auktionen erleben, auf denen 80 Prozent der Anwesenden nicht im Traum daran denken, mitzubieten. Bei der jährlichen

Kunstversteigerung in Ahrenshoop passiert das natürlich nicht, aber zu dieser Veranstaltung kommen die Sammler auch von weit angereist, denn zu kaufen gibt es Raritäten von Künstlern mit großen Namen. An Einheimischen findet man auf derartigen Veranstaltungen höchstens mal ein Arzt-Ehepaar, das mit Schweißperlen auf der Stirn einen Ölschinken von einem historischen Lokalmatador ersteigert. Ohne Urlauber geht in Sachen Kunst in Mecklenburg-Vorpommern gar nichts.

Ahrenshoop ist dafür ein gutes Beispiel. Auf der Landkarte der Kunst tauchte das Dorf erstmals im Jahr 1889 auf. Damals streifte der Freiluftmaler Paul Müller-Kaempff auf der Suche nach einem unverbrauchten Fleckchen Erde durch die Lande. Unter freiem Himmel den Pinsel zu schwingen, stellte seinerzeit so eine Art Mode dar, die von Frankreich nach Deutschland geschwappt war. Allerdings mussten die enthusiasmierten Maler in der Regel ein ganzes Stück reisen, um Gegenden aufzuspüren, die nicht schon vom Zahn der Industrialisierung angenagt waren. So verschlug es den gebürtigen Niedersachsen Müller-Kaempff sozusagen als Kunst-Reisenden auf die Halbinsel Fischland, Darß und Zingst.

Eines Tages wanderte er vom Ort Wustrow aus in Richtung Nordosten, als unvermittelt ein verschlafenes Dorf vor ihm auftauchte: Ahrenshoop. Müller-Kaempff jubelte. Solch ein Nest hatte er sich für seine künstlerische Arbeit schon immer gewünscht: Graue Reetdächer, graue Weiden, graue Dünen, schwärmte er später in seinen Memoiren. Weit und breit kein Mensch, keine Fabrik, nicht mal eine Reklametafel störte das heile Weltbild. Manchmal ist der raue Charme eines strukturschwachen Flächenlandes eben doch ein Vorteil. Müller-Kaempff beschloss zu bleiben.

Das war durchaus folgenreich. Für den Ort bedeutete es das Ende der Idylle und die Geburt des kommerziellen Kulturtourismus. Denn Müller-Kaempff brachte seine Freunde mit, die sich bei den Einheimischen einmieteten. Die Ureinwohner mochten nach gut norddeutscher Art die Fremden beargwöhnt haben. Offensichtlich überlagerte aber die Freude am Nebenerwerb die Skepsis. In den Fischerkaten wurden Betten für die Besucher freigeräumt und für die hungrigen Künstler Mittagstische eingerichtet. Schließlich brachte Müller-Kaempff auch noch seine Schülerinnen mit, denn der Künstler unterrichtete Mädchen aus höheren Häusern. 1895 eröffnete er für seine Kurse ein Haus, das nach dem Schutzheiligen der bildenden Künstler, dem Heiligen Lukas, benannt und noch heute an der Dorfstraße von Ahrenshoop zu finden ist, unweit der »Bunten Stube».

Der gute Ruf des Ortes beschränkte sich bald nicht nur auf die Kreise der Künstler. Irgendwann, erinnerte sich Müller-Kaempff, kam auch ein Herr, der nicht malend am Strand oder auf der Weide saß. Die Reaktion der Einwohner, gerade erst hatten sie sich an das bunte Künstlervolk gewöhnt, fiel norddeutsch-misstrauisch aus: »Was will er denn hier, wenn er nicht malt? Das ist ein Spion!« Müller-Kaempff konstatierte nüchtern: Das ist der erste Ahrenshooper Badegast. Die Freiluftmaler machten Ahrenshoop zu einem Anziehungspunkt für Kunst, Kultur – und den Tourismus. Heute trifft man in dem bis in die Nachsaison gut besuchten Ort hart arbeitende Künstlerinnen und Künstler – und massenhaft »Spione«. Der Argwohn der Einheimischen dürfte allerdings weitgehend ausgeräumt sein.

Ahrenshoop ist die mit Abstand bekannteste Künstlerkolonie Mecklenburg-Vorpommerns. Die Ostsee behielt auch nach der Zeit der Gründerväter ihre Anziehungskraft, und so lesen sich die Ahrenshooper Gästebücher der folgenden Jahrzehnte wie ein »Wer ist wer« der deutschen Kunstgeschichte. Bildende Künstler, Schriftsteller, Verleger, der ganze Kulturbetrieb traf sich hier und erholte sich von den Metropolen. Dank umtriebiger Kunstaktivisten ist das bis heute so.

Wer sich in Mecklenburg-Vorpommern auf die Suche nach Kunst begibt, wird überall fündig. Denn so wie sich in jedem Dorf ein Kirchlein findet, so ist in der Regel auch ein zeitgenössischer Künstler ansässig. Trotzdem gibt es Regionen, in denen Künstlerinnen und Künstler gehäufter auftreten als anderswo. Man würde übers Ziel hinausschießen, wenn man von Zentren spräche. Aber »Ballungen« trifft es ganz gut. Interessanterweise findet man diese weniger in den Städten, sondern auf dem Lande. Wo also ballt es sich?

In Plüschow: Ein unscheinbarer Ort bei Grevesmühlen, der seit den späten 80er-Jahren über ein Künstlerhaus verfügt. Künstlerhaus – das bedeutet: Künstler aus aller Welt bewerben sich um Stipendien und ein Atelier im Schloss, kommen und gehen und hinterlassen manchmal Spuren ihrer Arbeit. Zum Beispiel ein vergoldetes Plüschow-Schild am stillgelegten Bahnhof. Aber darum geht es nicht. Wichtig ist, dass immer wieder Stipendiaten in Plüschow zur Ruhe kommen und hinterher überall in der Welt erzählen, wie gut man in Mecklenburg arbeiten kann. Noch wichtiger: Rund um den Ort haben sich lauter junge Künstler niedergelassen. Ab und zu gibt es Ausstellungen und mehrtägige Kunst-Events und Partys. Mit Strahlkraft bis nach Schwerin und Rostock.

Auf Usedom: In dem kleinen Ort Ückeritz bildete sich auch so etwas wie eine Künstlerkolonie – wenngleich in kleinerem Rahmen. Und auch hier gilt ein Kultur-Reisender als Initiator: Otto Niemeyer-Holstein. Anfang der 30er-Jahre schipperte er mit seiner Jolle »Lütter« übers Achterwasser – und steuerte auf eine Stelle zu, an der Ostsee und Bodden nur einen Steinwurf voneinander entfernt sind. »Lüttenort« nannte er den Flecken. Niemeyer-Holstein blieb – und wohnte erst einmal in einem ausgedienten Bahnwaggon. Er ließ sich »Käpt'n« nennen, seine Schiffermütze wurde zum Markenzeichen, und manchmal fuhr er mit seinem Zeesboot sogar Urlauber spazieren. Vor allem aber war Niemeyer-Holstein ein bemerkenswerter Landschaftsmaler.

Allerdings hatte ihn nicht nur die Suche nach einem urzeitlichen Idyll gen Vorpommern getrieben. Er versteckte seine jüdische Schwiegermutter vor den Nazis und schuf einen Rückzugsort. Für sich und seine Maler-Kollegen Otto Manigk und Herbert Wegehaupt, die sich in Niemeyer-Holsteins Nähe niederließen. Den Ort vererbten sie gewissermaßen an die nächste Generation: Die Söhne Oskar Manigk und Matthias Wegehaupt arbeiten bis heute als Maler in Ückeritz.

In Greifswald: Hier entstehen junge Kunstschaffende. Die Universität Greifswald verfügt mit dem Caspar-David-Friedrich-Institut über eine bedeutende »Kaderschmiede« für potentielle Künstler des Landes – neben den Foto-Klassen an der Hochschule Wismar oder den Kunst- und Designschulen in Rostock und Anklam. Eigentlich sollen die jungen Leute Lehrer werden und Kinder wie Jugendliche auf den Pfad der Kreativität führen. Immer wieder jedoch kehren Studierende dem Bildungswesen den Rücken und widmen sich ganz und gar der bildenden Kunst. In regelmäßigen Hochschul-Ausstellungen geben diese Stars von morgen Kostproben ihres Könnens. Der Nachteil: Für Meisterschülerkurse gehen sie an andere Hochschulen – und nehmen ihre Fähigkeiten mit. Trotzdem färbt der Ideenreichtum der jungen Leute auf die ganze Stadt ab. Und immerhin verfügt Greifswald mit der Galerie Schwarz über eine der wichtigsten derartigen Einrichtungen im Land.

Auf Rügen: Auf der Insel ist die Kunst los. Kunstinteressierte finden allein drei Galerien, die sich um die Zeitgenossen bemühen – die Galerie des Kunstvereins in Putbus, die Coop-Galerie in Bergen und die Galerie Hartwich in Sellin. Geboten werden abgefahrene Werke unter anderem von deutschen und skandinavischen Künstlern. Skulpturen aus Styropor, Wolkenbilder, Polsterbilder. So etwas gibt es nur auf der Art Basel. Oder eben auf Rügen.

Die Kunstgeschichte Mecklenburg-Vorpommerns ist nicht eben lang. So viele Künstler, wie mittlerweile hier leben, so wenige findet man in der Vergangenheit. Aber ein paar waren schon da. Zum Beispiel Caspar David Friedrich, geboren in Greifswald. Ein Star unter den Malern auch heute noch, keine Frage. Bezogen auf MV aber für kommerzielle Zwecke denkbar ungeeignet. Seine Bilder? Sind in den Museen dieser Welt verteilt oder in Banksafes verschwunden. Das Vorpommersche Landesmuseum hat ein paar Preziosen, eine heitere Straßenszene, rasch mit Feder und Farbe hingehuscht. Aber die Klassiker hängen woanders. Na, immerhin sind ja noch Friedrichs Motive da –

die Szenerien und Landschaften, die er gemalt hat! Könnte man denken, stimmt aber auch nicht ganz: Die Klosterruine Eldena bei Greifswald steht noch – malerisch und beeindruckend wie vor Jahrhunderten. Aber Friedrichs berühmte Wissower Klinken auf der Insel Rügen zum Beispiel sind futsch. Nicht mehr als ein Haufen Sand und Kreide blieb übrig, als die Steilküste einbrach und die hoch aufragenden Klinken mitnahm. Außerdem hatte Friedrich nicht die Absicht, einen Reiseführer zu bebildern. Seine Natur-Motive nahm er mit ins Atelier und setzte sie neu zusammen – zu vollkommenen Phantasielandschaften. Künstlerisch eine Meisterleistung. Touristisch aber eher schlecht zu vermarkten. Weil kaum eines der Motive in der Wirklichkeit wiederzufinden ist. Immerhin ist zumindest auf seinen Bildern richtig etwas zu erkennen. Und in seiner Heimatstadt gibt es das Caspar-David-Friedrich-Zentrum als authentischen Ort. Tief unten im Keller finden sie sich noch – die Reste von Vater Friedrichs Seifensiederei.

Ganz und gar authentisch ist auch das Wohn- und Arbeitshaus von Ernst Barlach am Inselsee in Güstrow. Kurze Zeit nach einer Russland-Reise, die seine gesamte weitere Arbeit prägte, zog Barlach in das Haus am Heidberg. In Güstrow schuf er seine wichtigsten Werke – etwa den schwebenden Engel für den Dom. Eine andere seiner Holzskulpturen, »Der lesende Klosterschüler«, ist sogar die Hauptfigur in dem Roman »Sansibar oder der letzte Grund« von Alfred Andersch. In dem Buch geht es um einen Pfarrer und einen Funktionär der Kommunistischen Partei, die die Skulptur vor den Nazis retten. Barlach selber gelang das nicht. Er wurde von den Nationalsozialisten immer weiter ausgegrenzt und starb 1938 als verfemter Künstler. 1998 weihte man neben dem Atelierhaus ein Barlach gewidmetes Museum ein, das zum besten gehört, was MV zu bieten hat.

Italien in Schwerin: Ein bisschen unscheinbar, aber künstlerisch wertvoll sind die Terrakotta-Platten an der Fassade des Schweriner Schlosses. Das Material aus Südeuropa stand hoch im Kurs, und dem kunstsinnigen Herzog Johann Albrecht I. (1525 bis 1576) gelang es, dem von ihm errichteten Teil des Schlosses einen eigenen Stil zu geben. Historiker sprechen sogar von einem Mecklenburger Stil. Wurde aber leider nicht fortgesetzt. Auch ein Besuch des Schlossparks lohnt sich: Dort stehen Figuren des Bildhauers Balthasar Permoser (1651 bis 1732). Nachbildungen zwar, aber für Fans des Rokoko und Barock ein Muss.

Nach Permoser in die Gegenwart: Kunst im öffentlichen Raum wird auch von Zeitgenossen geprägt. Einer, an dem man dabei nicht vorbeikommt, ist der Bildhauer Jo Jastram. In Rostocks Innenstadt begegnet man seinen Arbeiten auf Schritt und Tritt – bekannt, beliebt und berühmt ist etwa der »Brunnen der Lebensfreude« auf dem Universitätsplatz. Jastram ist einer der einflussreichsten Künstler der Region, ein Mecklenburger Original – und Kopf einer weitverzweigten Künstlerfamilie.

Wer Caspar David Friedrich sagt, muss auch Philipp Otto Runge sagen: Der Maler (1777 bis 1810) zählt neben Friedrich zu den bedeutendsten Frühromantikern. Er war mit Goethe bekannt, den er mit Scherenschnitten für die Wohnung ausstattete. Außerdem betätigte sich das Multitalent Runge auch schriftstellerisch, schrieb Abhandlungen zur Kunst, Gedichte – und zeichnete das Märchen »Vom Fischer und seiner Frau« auf, das dann die Brüder Grimm weiter verarbeiteten. Runge wurde in Wolgast geboren. Dort ist ihm ein kleines Museum, das Rungehaus, gewidmet.

Noch mehr Kolonien: Auch das gemütliche Städtchen Schwaan südlich von Rostock war eine Zeit lang Heimat einer Gruppe von Künstlern. Im Mittelpunkt stand der Weimarer Malereiprofessor Franz Bunke (1857 bis 1939), den es immer wieder in seine Heimatstadt zog. Schwaan und Umgebung durchstreifte er mit Staffelei, Pinsel und Farbe und bildete die Zeitläufte in bedrohlichen Wolkenformationen und trügerisch idyllischen Waldseen ab. Das machte Schule. Peter Paul Draewing und Rudolf Bartels gehörten zu denen, die Bunkes Werk in Richtung Expressionismus weiterführten. Ein kleines Museum dokumentiert Aufstieg und Zerfall der Kolonie.

DIE MAUER STEHT –
MV UND SEINE NICHT GANZ EINFACHE GESCHICHTE

Die Geschichte Mecklenburg-Vorpommerns fällt genauso unspektakulär aus wie das Wetter. Mittlere Temperaturen, kaum große Katastrophen, aber eben auch nicht allzu viele Glücksfälle. Der Frühling warm, der Sommer verregnet, im Winter taut der Schnee, kaum dass er gefallen ist. Während in den Metropolen die Weltgeschichte buchstäblich unter jedem Stein lauert, sind in Mecklenburg oder Vorpommern die Steine einfach nur Steine und atmen allenfalls Salpeter aus, und das nicht unbedingt zur Freude derer, die die feuchten Keller und Mauern bewohnen. Vielleicht kann man so den notorischen Spruch »Allens bliwwt bi'n ollen« (»Es bleibt alles beim Alten«) verstehen. Als vor ein paar Jahren die Sozialdemokraten im Wahlkampf mal so richtig mit der Faust auf den Tisch hauen wollten, dachten sie sich dazu auch einen markigen Spruch aus: »Jetzt wird es aber Zeit!« Sehr motivierend geriet er aber nicht, denn die lokalen Parteistrategen formulierten ihn auf Niederdeutsch: »Nu wart tid!« Mal ehrlich: Nach Wahlsieg klingt das nicht. Eher nach »Ich nehm' noch ein Bier und einen Kurzen!«

Mecklenburger und Vorpommern pflegen in der Regel einen entspannten Umgang mit der Vergangenheit. Trifft man heute einen jungen Menschen, bekommt man meist nicht allzu viel zu hören, wenn man ihn nach historischen Eckdaten befragt. Ein paar Schlagworte höchstens: Slawen, Hanse, V2, FKK. Ein Anfang, immerhin. Dabei verhält es sich mit der Geschichte tatsächlich wie mit dem Wetter in MV. Es lohnt sich, genauer hinzuschauen, den richtigen Moment abzupassen. Dann entdeckt man auch Eigenarten und einiges Bemerkenswertes: manövrierunfähige Segelboote, die ideale Heringstonne, eine abgeschlagene Nase, ein Denkmal, das als Witz entstand, den Schleudersitz, den letzten Russenpanzer. Und einen Friedhof, auf dem alles begann.

Seine erste Erwähnung verdankt das Urlaubsland Mecklenburg-Vorpommern passenderweise einem Reisenden: Ibrahim ibn Yaqub. Der Mann war vermutlich Jude und stammte aus dem muslimischen Teil Spaniens. Im zehnten Jahrhundert reiste er durch Europa – ob als Privatmann, Händler oder auch Spion, ist nicht bekannt. Relativ sicher hingegen ist, dass es ihn auch in das Gebiet des heutigen Mecklenburg-Vorpommern verschlug, welches er als eher trist und ungastlich beschrieb. Im Jahr 965 erwähnt er eine Burg, die südlich der heutigen Stadt Wismar stand. Er nannte sie »Nakons Burg« – nach einem Herrscher namens Nakon, einem Nachfahren des berühmten Slawenherrschers Niklot, der die Burg bewohnte. Später setzte sich der Name »Michelenburg« durch. Diesen Namen kann man je nach Gemütslage übersetzen: »Kleine Burg« oder »Große Burg«. Beides ist belegt. 995 wurde Mecklenburg dann erstmals urkundlich und gewissermaßen amtlich verbrieft – von König Otto III.

Die mächtige Anlage von vor eintausend Jahren ist heute weniger als ein Schatten ihrer Welt. An der Wiege Mecklenburgs fährt man auf der Strecke zwischen Wismar und Schwerin getrost vorüber. Den baumbewachsenen Hügel neben der B 106 in dem Örtchen Dorf Mecklenburg nehmen nur Ortskundige als Rudiment einer bedeutenden Festung wahr. Selbst wer die Wallanlagen betritt, fühlt sich nicht gerade in die Zeit zurückversetzt, in der mächtige Slawenherrscher versuchten, den Germanen zu entgehen. Es gelang ihnen ja auch nicht, und Nakons Burg wurde abgerissen, die Steine verbaute man in Wismar. Heute befindet sich im Inneren der historischen Stätte ein Friedhof. Geblieben ist ein Dorf, entstanden aus der Ansiedlung, die der Burg vorgelagert war.

Als die Festung noch stand, wurden die Verstorbenen zu Füßen des Burgwalls begraben. Zu dieser Erkenntnis brauchte man allerdings den Eigenheimbau moderner Zeiten. Als Anfang der 70er-Jahre des 20. Jahrhunderts an dieser Stelle begonnen wurde, neue Behausungen zu schaffen, standen bald alarmierte Archäologen auf der Baustelle und diesen die Haare zu Berge. Denn die Gebeine der Vorfahren lagen offen in den frisch ausgehobenen Gruben.

Es geschieht übrigens immer mal wieder, dass Archäologen wegen Geschehens in diesem flachen Lande die Haare zu Berge stehen. Anlass zum Beispiel waren vor Kurzem ein paar historische Langschiffe. Holzboote, die hunderte Jahre nahezu unbeschadet im Erdreich verbrachten, aber nur wenige Jahre im Landesarchiv. Dort trat das ein, was passiert, wenn man altes Holz ablegt und sich selbst überlässt: Es verrottet. So sind denn die Funde wieder Geschichte.

Immerhin besteht die Hoffnung, dass noch mehr Schätze zu bergen sind. Die Autobahn 20 hat es an den Tag gebracht. Aber auch unter der Meeresoberfläche werden sagenhafte Rudimente großer Zeiten gefunden. Koggen zum Beispiel. Eine wurde vor Wismar aus dem Wasser geholt – und nachgebaut. Als »Wissemara« ist sie heute für Touristen unterwegs. Koggen waren die Gefährte, mit denen die Händler der Gegend im Mittelalter die Meere bereisten – und von denen man sich heute kaum noch vorstellen kann, dass sie überhaupt segelten. Gegen den Wind ging gar nicht, und auch sonst lagen die bauchigen Gefährte schwer im Wasser. Immerhin sind sie der Beweis dafür, dass man selbst mit nahezu manövrierunfähigen Schiffen zur Weltmacht aufsteigen kann. Denn als die Koggen segelten, waren Wismar und Rostock gemeinsam mit Lübeck für einen Augenblick der Geschichte der Mittelpunkt Europas. 1359 verbündeten sich die drei Städte zum »wendischen Quartier« – ein wichtiges Zentrum dessen, was als Hanse berühmt werden sollte.

Im Grunde war es eine Art Mitfahrzentrale. Hanse – das bedeutet »Schar« und meinte, dass die Händler gemeinsam loszogen, um ihre Waren sicher ans Ziel zu bringen. Denn was heute mautpflichtige Autobahnen, Tunnel oder Brücken sind, das waren damals Piraten, gegen die sich die Kaufleute schützen wollten. Das funktionierte nicht nur beim Transport, sondern zunehmend auch dort, wo die Waren abgesetzt wurden. Die Händler traten in Russland und Skandinavien mit breiter Brust auf und ertrotzten Privilegien, wie sie sonst niemand genoss. Wer dazu gehörte, profitierte davon, wer nicht, betrachtete das Bündnis mit finsterem Blick, weil die Hanse-Kaufleute allen anderen den Rang abliefen.

Entsprechend wollte jeder dazugehören, und es ist schon erstaunlich, wer heute alles sein Autokennzeichen mit einem Hanse-H schmücken dürfte: Köln zum Beispiel. Oder Venedig – die südlichste Stadt, die je zum Bündnis zählte. Entscheidend allerdings war die Nähe zum Meer, und da saßen Rostock, Wismar und Lübeck einfach in der ersten Reihe. Niederdeutsch bildete die von allen verstandene Sprache, der Einfluss der Hanse reichte bis in das britische Königshaus. Und das Maß der Dinge kam aus Rostock: Die dortige Heringstonne fasste exakt 129,5 Liter und war an allen Ufern der Ostsee anerkannt. Einen der wesentlichen Exportschlager stellte zum Beispiel das Wismarer Bier dar. Verschifft wurde es hauptsächlich nach Skandinavien. Heute kommen die Dänen und Schweden persönlich in die Hansestädte, um sich ihr Pils abzuholen.

In den Hansestädten verstand man sich übrigens nicht nur aufs Schiffen, sondern investierte auch in Immobilien. Vor allem entstanden riesige Kirchen, quasi die Wolkenkratzer jener Zeit. Gemauert wurden sie aus großen, rötlichen Steinen, die diesem Abschnitt der Baukultur ihren Namen gaben: Backsteingotik. Viele dieser Gotteshäuser sind erhalten – einige aber überdauerten die Zeiten nicht. Die Rostocker Jakobikirche zum Beispiel. Zu Fall brachten sie allerdings erst mehrere Sprengladungen im Zweiten Weltkrieg und die realsozialistischen Stadtbildner.

Die Hanse bildet unbestritten den historischen Höhepunkt der Region. Entsprechend versucht jeder, der etwas auf sich hält, sein Gewerbe oder seinen Verein auf diesen Teil der Vergangenheit einzuschwören: sei es das Hanse-Klinikum, der Hanse-Stromanbieter, das Hanse-Fuhrunternehmen, die Hanse-Essenlieferanten, die Hanse-Straßenbauer, der Hanse-Badausstatter, der Hanse-

Steuerberater bis hin zur Hanse-Bestattung. Für Einigkeit scheint das trotzdem nicht zu sorgen. Dafür sprechen Befindlichkeiten, die seit jeher aus den Nutzungsrechten der Bezeichnung »Hanseat« oder »hanseatisch« erwachsen. Östlich von Lübeck dürfen diese nicht mehr gebraucht werden, und ein Rostocker oder Greifswalder erntet in Hamburg oder Bremen nichts als Spott, wenn er sich als Hanseat bezeichnet. Im (Nord-)Osten ist man demnach allenfalls »hansisch«. Und vermutlich haben die Spötter sogar recht. Denn die Mecklenburger und Vorpommern verfügen weder über den »s-pitzen S-tein« der Hamburger noch über diese Melancholie á la Buddenbrooks, die die Lübecker für sich reklamieren.

Tastsache ist aber auch, dass die Hanse nicht so recht für die Bildung einer mecklenburgischen oder vorpommerschen Identität reicht. Die Zeit liegt einfach zu weit zurück, um in eine Kontinuität mit uns Heutigen gestellt zu werden. Dabei riss ja der Einfluss insbesondere der großen Städte nicht einfach ab, nachdem 1669 der letzte Hansetag stattgefunden hatte. Doch eine derartige Geltung erreichte die Region nie wieder, und entsprechend löchrig ist auch das Wissen über die Historie.

Nicht jede wissenschaftliche Auseinandersetzung wird im Elfenbeinturm ausgetragen. Der dänische Astronom Tycho Brahe musste das schmerzlich erfahren, als er sich mit einem Kollegen über ein fachliches Problem nicht einigen konnte. Sie zogen die Säbel. Der Streit endete für Brahe mit einer abgetrennten Nasenspitze, so dass er fortan eine Prothese aus Metall tragen musste.

Schauplatz dieses heftigen Streits war Rostock, Zeitpunkt der Dezember 1566. Brahe, gerade 20 Jahre alter

Student, war zu dieser Zeit noch nicht der Star-Astronom, der er einmal werden sollte, aber Rostock hatte sich als Zentrum der astronomischen Forschung bereits etabliert. Überhaupt war die Alma mater Rostochiensis berühmt – immerhin stellte sie die erste Universität Nordeuropas dar, 1419 gegründet, früher als die Unis in Kopenhagen, Lund, Stockholm und Greifswald. In wirtschaftlich blühenden Zeiten investierte man in die Bildung, und so kamen auch regelmäßig große Geister, berühmte Gelehrte und talentierte Studenten nach Rostock. Ulrich von Hutten zum Beispiel lehrte in Rostock und Greifswald. Und selbst bis fast in die Gegenwart wehte ein Hauch des Genialen durch die Region – dank der Universitäten. In Rostock erhielten Albert Einstein und Max Planck die Ehrendoktorwürde. Greifswald hat unter anderem Selma Lagerlöf („Nils Holgersson"), Martin Andersen Nexö (»Pelle der Eroberer«) und, aus den 90er-Jahren, Hannelore Kohl auf der Liste.

Auch um Johannes Kepler, Brahes Nachfolger in Prag, hatte man sich an der Uni Rostock bemüht – und eine Professur eingerichtet. Doch statt des Gelehrten kam die Nachricht von seinem Tod. Der Landesherr, der ihn an die Ostsee holen wollte, war nicht weniger berühmt: Es war Albrecht Wallenstein, der die mecklenburgischen Herzöge erfolgreich aus dem Land gejagt, sich selber in Güstrow niedergelassen und bei dieser Gelegenheit auch zum Ko-Patron der Universität Rostock gemacht hatte.

Im Umfeld des Dreißigjährigen Krieges bildete der durchaus streitbare Feldherr Wallenstein zumindest in Sachen der Verwaltung offenbar einen Lichtblick. Er führte einen geordneten Hof, baute den Staat um und auch das Güstrower Schloss. An den renitenten Stralsundern allerdings scheiterte er. Es gelang ihm nicht, die Stadt einzunehmen, und nach wenigen Jahren war es wieder vorbei mit dem selbsternannten »General der baltischen und ozeanischen Meere«. Sein Gastspiel mag beeindruckend gewesen sein, aber ein Gastspiel macht keine Tradition. Und so geht die Zeit des Dreißigjährigen Krieges eher in die Geschichte ein als eine Phase, in der Heere verschiedener Herren übers Land zogen und mitnahmen und umbrachten, was sie nur konnten. Wieder waren es Reisende, die Mecklenburg und Vorpommern prägten, dieses Mal zum Schlechten: Habsburger, Preußen, Dänen und Schweden, Kroaten, Brandenburger. Sie bewegten sich durchs Land wie durch einen Supermarkt. Irgendwann waren die Regale leer, und es gibt nicht wenige Historiker, die sagen: Von diesem Ausverkauf hat sich das Land nie richtig erholt.

Wir wollen nicht so tun, als sei uns die lange Reihe von Herzögen in Mecklenburg und Vorpommern geläufig. Der realsozialistische Geschichtsunterricht tat ein Übriges, um die Herrscherfolge in Vergessenheit geraten zu lassen. 40 Jahre lang begann die Geschichte erst mit der Oktoberrevolution 1917 in Russland. Und davor? »Das ist die Vorgeschichte«, antwortete unsere Lehrerin mit dem Selbstbewusstsein einer Diktatur im Rücken. Ein bisschen fühlt man sich an die verrotteten Langschiffe erinnert. Mecklenburg und Vorpommern kamen in der Schule nicht vor. Und wenn man sich angesichts plattschnackender Großeltern und Eltern irgendwann als Mecklenburger bezeichnete, dann hatte das bis 1989 durchaus etwas Dissidentisches. Mecklenburg und Vorpommern – das waren die Bezirke Rostock, Schwerin und Neubrandenburg.

Neuaufteilungen der Region hatte es auch zuvor immer mal gegeben. Vorpommern gehörte fast zwei Jahrhunderte zu Schweden, ab 1815 dann zu Preußen. Auch Wismar war lange schwedisch. Im 18. Jahrhundert spaltete sich Mecklenburg-Strelitz von Mecklenburg-Schwerin ab. Was die Schweriner dazu veranlasste, spöttisch auf die östlichen Nachbarn herabzublicken. »Der kommt aus Land zwei«, sagte Großvater, wenn ihm jemand aus Mecklenburg-Strelitz begegnete.

Dabei verdanken wir gerade diesem Landstrich die »Königin der Herzen«, eine wahrhafte Prinzessin Diana – ein gekröntes Haupt, das allenthalben verehrt wurde. Nicht von jedem allerdings. Napoleon nannte sie »eine Frau mit hübschen Zügen, aber wenig Geist«: Luise von Mecklenburg-Strelitz. Tatsächlich hatte, so wird es zumindest kolportiert, sich die hübsche Prinzessin in jungen Jahren in Darmstadt nicht allzu viel mit ihrer Bildung beschäftigt. Als sprunghaftes und lebenslustiges Mädchen wird sie geschildert. Dass sie einmal Friedrich Wilhelm III. heiraten und damit die Herrscherin von Preußen werden würde, das hätte sie sich vermutlich nicht träumen lassen.

Warum Napoleon nicht gut auf sie zu sprechen war, liegt auch auf der Hand. Schließlich hat Luise ihm die Kriegserklärung Preußens von 1806 eingebrockt – angeblich soll sie nämlich nicht unwesentlich auf ihren Mann eingewirkt haben, so dass der Frankreich den Fehdehandschuh hinwarf. Eine für Mr. und Mrs. Preußen verheerende Entscheidung, denn im selben Jahr wurden ihre Truppen bei Jena und Auerstedt aufgerieben. Das Königspaar floh. Luise, krank und schwach, reiste spektakulär mitten im Winter über die Kurische Nehrung.

In Tilsit traf sie dann doch auf Napoleon, und beide waren sogar leidlich voneinander angetan. Sie war nicht die dumme Pute, er nicht das Ungeheuer. Napoleon erlag einigermaßen ihrem Charme, der sie so beliebt gemacht hatte: Ihr lebenslustiges Auftreten, ihre Spontaneität, die die Wächter der Etikette entsetzte, ihr aber die Sympathien des Volkes sicherte.

Erst 1809 durfte sie zurück nach Preußen, 1810 reiste sie zur Erholung nach Neustrelitz und Hohenzieritz in Mecklenburg-Strelitz, wo ihr Vater und ihre Tante mittlerweile residierten. Dort starb sie kurz darauf. An ihrem Herzen entdeckte man eine Wucherung, die der Legende nach durch anhaltendes Leiden entstanden war.

Die Stadt Neustrelitz ließ den Mythos Luise in jüngster Zeit wieder aufleben und führte eine Operette unter dem Titel »Königin Luise – Königin der Herzen« auf. Mit Musik von Johann Strauss, Jacques Offenbach und Walter Kollo. Da ist die Welt doch wieder in Ordnung.

Die Denkmäler, die zu Ehren von Luise geschaffen wurden, stammten von den wichtigsten Bildhauern ihrer Zeit. Christian Daniel Rauch zum Beispiel schuf ihre Grabskulptur. Gottfried Schadow bildete sie und ihre Schwester Friederike, die als sinnenfreudige Witwe von sich reden machte, als »Prinzessinnengruppe« ab. Das Werk zeigt zwei mädchenhafte Frauen in wallenden Gewändern, die bestens das Verhüllte erahnen lassen. Friedrich Wilhelm gefiel das nicht, also hielt er die Skulptur lange unter Verschluss.

Was schade war, denn der Schwung und die Eleganz der Figuren sind durchaus sehenswert. Im Gegensatz zum Beispiel zu einem etwas statischen Entwurf eines Standbildes von Generalfeldmarschall Blücher, das Schadow 1819 für Rostock schuf. Es zeigt den Feldherren hoch aufgerichtet und ehrwürdig schreitend, mit einem Löwenfell bekleidet. Auf dem Sockel sind allerlei Ungeheuer zu sehen – Ausgeburten einer Hölle, die Königin Luise für die Heimat Napoleon Bonapartes hätte halten können. Gebhard Leberecht von Blücher vollendete das, was Luise eigentlich gewollt hatte – er schlug die französischen Truppen bei Waterloo im Jahr 1819 vernichtend.

Grund genug, dem »Marschall Vorwärts« ein Denkmal zu errichten. Schließlich war Blücher 1742 in Rostock geboren worden. Der Plan seiner Heimatstadt, den großen Sohn und ersten Ehrenbürger unübersehbar auf den Sockel zu heben, rührte den alten Blücher sehr: »Ich finde nicht Worte, Ihnen, Hochverehrte Herrn, und den sämtlichen Einwohnern von Rostock meinen Dank so auszudrücken, wie ihn mein Herz fühlt«, schrieb er an den Senat. Berührt waren auch die Stadtväter von Rostock, allerdings im negativen Sinne. Denn sie wussten nichts von dem Denkmal. Allein in der Zeitung »Hamburgischer Unpartheyischer Correspondent« hatte es gestanden. Eine Ente. Doch nun war sie in der Welt, Blücher standen Tränen in den Augen, und die Rostocker mussten handeln.

Sie ließen sich nicht lumpen und holten große Geister ins Boot. Nicht nur für die Figur, sondern auch für das kleine Gedicht, das auf dem Sockel zu lesen ist:

»In Harren und Krieg,
In Sturz und Sieg
Bewußt und groß,
So riß er uns von Feinden los.«

Das holpert und stolpert besonders am Ende ein wenig. Und doch sind die Verse von – halten Sie sich fest – Goethe. Genau, der Geheimrat aus Weimar, mit dessen Mutter Königin Luise recht gute Kontakte hatte.

Ein Schreien kommt durch die Luft. Es ist Sonntagmorgen, vier Uhr, als die Anwohner des Rostocker Stadtteils Marienehe vor Schreck kerzengerade in ihren Betten stehen. Ein paar hundert Meter entfernt recken einige Männer ebenso kerzengerade die Arme in die Luft: Soeben hat der Jungfernflug des ersten Düsenflugzeugs der Welt stattgefunden. Es ist der 27. August 1939. Pilot Erich Wasitz ist mit der He 178 nicht allzu weit geflogen, ein paar Runden nur, aber der Beweis ist erbracht – die neuartigen Triebwerke funktionieren. Der Impuls, der von Rostock ausgeht, erschüttert bald das Flugwesen auf der ganzen Welt.

Mitten in Rostock war eine Flugzeugindustrie aus dem Boden gestampft worden. Eine beispiellose Geschichte, in ihrem Mittelpunkt ein versierter Ingenieur und Tüftler: Ernst Heinkel. Er gründete sein Unternehmen 1922 – in dem Jahr, in dem laut Versailler Vertrag in Deutschland wieder die Beschäftigung mit ziviler Luftfahrt erlaubt wurde. Heinkels Büro in Warnemünde zählte gerade mal 15 Mitarbeiter. Anfang der Dreißiger waren es schon mehr als 300. Und nach Heinkels von Adolf Hitler ausdrücklich befürwortetem Eintritt in die NSDAP und der unverhohlenen Vereinnahmung seines Flugzeugwerkes für die Rüstung arbeiteten 1944 allein in Rostock 15 000 Menschen in seinem Betrieb, darunter Zwangsarbeiter und Häftlinge.

Heinkel erfand nicht nur das erste Düsenflugzeug, den Schleudersitz oder Katapultflugzeuge, deren Rampen bis heute östlich von Warnemünde in der Brandung vor sich hinrotten. Ganz vorn mit dabei zu sein zeitigt nicht immer lobenswerte Folgen. So flogen Bomber aus Rostock zum Beispiel bei dem Angriff mit, der 1937 die spanische Stadt Guernica in Schutt und Asche legte. Der Anlass für Pablo Picassos berühmtes Wandbild »Guernica« kam direkt von der Ostseeküste.

Die Raketen, die in den Morgenstunden des 13. Juni 1942 in London einschlugen, kamen von der Insel Usedom. Auch hier war ein Zentrum des Flugkörperbaus entstanden: In der »Heeresversuchsanstalt Peenemünde« ging es um die Entwicklung von Marschflugkörpern und Raketen. Der Standort auf der Nordspitze der beschaulichen Insel geht der Legende nach auf einen Tipp der Mutter Wernher von Brauns zurück, einer gebürtigen Anklamerin. Ihr Sohn war als einer der Chefingenieure von Peenemünde unter anderem mit der Entwicklung der V2 befasst. V – das stand für »Vergeltungswaffe«. Die V2 gilt als wichtiger Schritt in Richtung Raumfahrt – und Wernher von Braun arbeitete nach 1945 in den Vereinigten Staaten auch für die NASA. In Peenemünde ging es aber allein um Vernichtung und »Endsieg«.

Dieses enge Zusammenspiel von Erfinden und Verheeren, von Genialität und Geistlosigkeit, von Nutzen und Schaden bereitet insbesondere den Mecklenburgern und Vorpommern dauerndes Kopfzerbrechen. Technikfaszination und politische Überkorrektheit stehen immer wieder einer sinnvollen Aufarbeitung entgegen, so dass es fast unmöglich ist, einen Gedenkort zu finden, der beides in den Griff bekommt. Für die befriedigende Gestaltung eines Museums in Peenemünde waren mehrere Anläufe notwendig. Und in Rostock einigte man sich darauf, ein Rudiment der alten Werkshallen, die »Heinkel-Mauer«, mitten in der Stadt stehen zu lassen. Zwei Schautafeln erzählen von diesem Teil der Geschichte, am Rand einer Straße jedoch, die derart befahren ist, dass man sich als Passant wenig angeregt fühlt zu verweilen.

Doch auch die Alliierten haben ihre Spuren hinterlassen. In dem kleinen Ort Lalendorf bei Teterow steht er noch – der letzte Russenpanzer. Ein T4, wie er zu DDR-Zeiten regelmäßig an prominenten Orten, vorzugsweise in Plattenbau-Komplexen, zu sehen war. Das Lalendorfer Exemplar befindet sich zwar erst seit 1975 dort, doch angeblich soll es an der Befreiung von Berlin 1945 beteiligt gewesen sein. Nach 1989 wurden die meisten dieser Gedenk-Panzer demontiert. Nicht in Lalendorf. Die Bevölkerung sprach sich vehement dagegen aus.

DIE GANZE WIRTSCHAFT –
BLÜHENDE LANDSCHAFTEN AUF RAPS

Kennen Sie das Phänomen: Sie sind im Begriff, eine mehrstündige Reise anzutreten, mit dem Auto oder der Bahn. Sie packen Ihren Koffer, frühstücken reichlich, trinken einen Kaffee, denken an Ihren Ausweis, an Geld und Kreditkarte. Auch Ihr Handy, nebst Ladegerät, ein angefangenes Buch und die noch nicht ausgelesene Wochenzeitung vergessen Sie nicht. Sie schmieren sich ein paar Brote für die Fahrt, damit Sie nicht auf die übertreuten Angebote der Tankstellen und Bahnhofsshops zurückgreifen müssen. Dann kontrollieren Sie Elektrogeräte, leeren den Briefkasten, greifen den Schlüssel und los geht's. Der Wagen rollt, zufrieden haken Sie noch mal im Kopf die wichtigsten Dinge ab, lehnen sich entspannt und voller Vorfreude zurück. Und dann passiert es. Sie haben die Stadtgrenze nicht einmal erreicht, da huscht ein Gedanke an Ihnen vorbei wie ein Laternenmast am Straßenrand. Ganz schnell, nur kurz im Augenwinkel, dann ist er wieder weg. Der nächste. Wieder da und weg. Die Stullen. Eigentlich waren sie für die Mittagszeit gedacht. Mit Käse, die eine. Lecker. Mit Salami, die andere. Köstlich. Plötzlich kreisen herrliche Pausenbrote in Ihrem Kopf, lassen keinen Raum für die Verkehrssituation oder Sonstiges. Sie können sich nicht mehr konzentrieren ... und als das Straßenschild erscheint, auf dem Ihr Heimatort rot durchgestrichen wurde, holen Sie sie raus und essen sie auf. Alle. Was weg ist, ist weg. Sie von zu Hause, warum nicht die Stullen auch.

Egal wie oft und wohin ich verreise, was ich als Belag gewählt habe, es ist immer dasselbe. Satt und zufrieden verlasse ich Mecklenburg-Vorpommern. Mit Verdauungsproblemen und schlechtem Gewissen erreiche ich mein Reiseziel, da Schokoriegel und Raststätten-Cheesburger doch den Weg zu mir gefunden haben. Ach ja, wie schön war es zu Hause.

»Erst die Fremde lehrt uns, was wir an der Heimat besitzen«, schrieb Theodor Fontane. So ist von kaum einem, der Mecklenburg-Vorpommern aus beruflichen oder privaten Gründen den Rücken gekehrt hat, zu hören, dass er nicht gern wiederkäme. Am meisten vermissen sie das Wasser und gestehen, dass große Städte zwar Kultur und Abwechslung böten, die sie aber kaum in Anspruch nähmen. Die Arbeit. Der Stress. Die Kinder. Die Zeit. So reihen sich die ehemaligen Mecklenburger und Vorpommern in den Strom der Wochenendtouristen, die für zwei, drei Tage in nordöstlicher Natur bei Möwengeschrei Zerstreuung und Ruhe finden wollen. Ach ja, wenn es doch hier nur mehr Arbeit gäbe! Das Land ist traditionell kein Standort großer Industriebetriebe, sondern eher in der Land-, Forst- und Fischereiwirtschaft zu Hause. In diesem Wirtschaftssektor arbeiten in der heutigen Zeit jedoch nur noch ca. drei Prozent der Erwerbstätigen. Weitaus mehr, fast jeder Fünfte, ist in der Tourismuswirtschaft beschäftigt, ebenso viele Menschen sind ohne Arbeit. Das Geschäft mit dem Urlaub hat für das Bruttosozialprodukt

Mecklenburg-Vorpommerns im Vergleich zu allen anderen Bundesländern einen viel höheren Stellenwert. So positiv es zunächst klingt, so offenbart es auch, dass in anderen Wirtschaftsbereichen einfach zu wenig verdient wird. In einem Urlaubsland werden viele Menschen nur für die Saison eingestellt. In der übrigen Zeit sind sie ohne Job, geben kaum etwas aus und belasten die öffentlichen Kassen. Selbst bei Festanstellung verdient ein Arbeitnehmer der Gastronomie deutlich weniger als einer, der in der Automobilindustrie beschäftigt ist. Deshalb ist die heimische Kaufkraft im Bundesdurchschnitt auch so miserabel. Um wenigstens die saisonalen Schwankungen in der Gastwirtschaft auszugleichen, wirbt das Land darum, auch in der kalten Jahreszeit besucht zu werden. Zudem möchte man sich ausländischen Gästen zu erkennen geben, denn für die ist Mecklenburg-Vorpommern ein weißer Fleck auf der Landkarte. In Warnemünde landen zwar immer mehr Kreuzfahrer, die auf einen Schlag ein paar Tausend Amerikaner an Land setzen. Die in großen Dimensionen denkenden Überseereisenden halten die 200 Kilometer bis Berlin jedoch für eine logische Distanz bis ins Stadtzentrum, in das sie dann auch gefahren werden. Tür auf. Brandenburger Tor. Klick. Reichstag. Klick. Berliner Mauer. Klick. Tür zu. Ab aufs Sonnendeck. Das ist ein wenig wie bezahlter Sex.

Mecklenburg-Vorpommern gleicht da eher einer stillen Angebeteten, der man sich behutsam nähern sollte. Keine historischen Schwergewichte, keine lauten Vergnügungsmeilen, eher reizvolle Landschaften machen die Region einzigartig. Deutsche Touristen wissen das auch. Deshalb ringt man mit Bayern seit Jahren um die Spitzenposition in der Disziplin der meisten Gästeübernachtungen. Ein Zweikampf, der gern geführt wird, spielt er sich doch ausnahmsweise mal im oberen Teil einer Tabelle ab. Große Hoffnungen setzt man hier in die Gesundheitswirtschaft. Man rühmt sich einer Qualitätsführerschaft und der modernen Infrastruktur. Aktive Erholung, Reha, Bäder, Wellness, Kliniken, Medizintechnik – und alles in dem Bundesgebiet, in dem fünf der sechs Orte mit den meisten Sonnenstunden Deutschlands liegen. Knapp jeder neunte Erwerbstätige arbeitet bereits in der Branche, die körperliche und seelische Defizite lindern soll, Tendenz steigend. Globalisierung wie Informationszeitalter scheinen dafür zu sorgen, dass sich die Menschen zunehmend nach Dingen sehnen, die nicht lärmen und blinken, sondern vielmehr Stress abbauen. Sie zieht es zum Ursprünglichen, zur guten Luft und zum satten Grün. Statt der E-Mail-Benachrichtigung soll allenfalls die Angelpose mal hier und da im Blickfeld erscheinen.

Trotz der Aussicht, das Florida Deutschlands zu werden, schauen die zuständigen Ministerien und Institutionen im Lande auch in andere Richtungen. Wachstumsbranchen werden ausgerufen, Investitionen gefördert. Lebensmittelindustrie, Maschinenbau, Metall-, Informations- und Kommunikationsindustrie sowie Transport und Logistik, Biotechnologie und Medizintechnik sind solche Hoffnungsträger, die sich um die Idylle schmiegen sollen. Alles gemessenen Schrittes, versteht sich. Für ein hohes Tempo fehlten dem Land schon immer die Mittel. Aber vielleicht ist diese Behutsamkeit ja langfristig ein Vorteil und es gelingt dank seiner natürlichen Reize, die Region zu einem Tummelplatz für Mediziner, Biologen und Pharmazeuten zu machen. Erste Erfolge sind sicher schon zu erkennen, dennoch verknüpft sich außerlandes das Wort Biotechnologie nicht unweigerlich mit Greifswald oder Rostock. Vielmehr verbindet man Deutschlands Nordosten weiterhin eher mit der maritimen Industrie, wenngleich deren Bedeutung seit dem Zusammenbruch der DDR gesunken ist. Immerhin arbeiten aber noch zehntausende Menschen im Schiff-, Boots- und Yachtbau oder bei Zulieferern der Häfen und Werften. Sie tun das mit einer bewundernswerten Halsstarrigkeit und trotzen der globalen Konkurrenz. Über derart einflussreiche Lobbyisten wie die Automobil-, Montan- oder Energieindustrie verfügt diese Branche bei Weitem nicht. Stellenabbau, Standortschließungen und Betreiberwechsel treffen die Region oft hart, werden von überregionalen Politikern und Medien aber vergleichsweise wenig beachtet.

Übrigens, sollten Sie mal mit einem Flugzeug über Mecklenburg-Vorpommern in Not geraten und mit dem Fallschirm abspringen, ist die Wahrscheinlichkeit recht hoch, dass Sie auf einem Rapsfeld oder auf – besser neben – einer Windkraftanlage landen. Das Land bezieht knapp ein Drittel seines Bedarfs aus erneuerbaren Energieträgern. Es ist führend in der Kraftstoffgewinnung aus Raps. Das strahlende Goldgelb des Kreuzblütlers wird im Mai zur alles bestimmenden Farbe. Beim Zusammenpacken des Rettungsschirms hilft Ihnen wahrscheinlich der freundliche, bestens Hochdeutsch sprechende Mitarbeiter eines der fürs Land ja so typischen Callcenters.

Um Investoren anzulocken, heben Ministerien und Fördergesellschaften für Mecklenburg-Vorpommern folgende Punkte als besondere Stärken des Landes im Bundesvergleich hervor:

- die geografische Lage,
- die moderne Infrastruktur,
- dreimal so viele Kinder in Tagesstätten,
- die schöne Umgebung,
- die Möglichkeit, dem Investor oder dem Management ein repäsentatives Gutshaus und/oder Ländereien zu kaufen,
- die überdurchschnittlichen Wochenarbeitszeiten,
- die rekordverdächtig niedrigen Arbeitskosten.

Zumindest die beiden letzten Fakten als Stärke zu bewerten, dürfte durchaus eine Frage der Perspektive sein. Denn genau die Aussicht geringerer Entlohnung ist es, die hoch qualifizierte, junge Menschen gen Westen oder Süden abwandern lassen – wehmütig zwar, aber entschlossen zur Rückkehr. Irgendwann. Wenn im Nordosten mehr blüht als nur der Raps. Zurück ans Meer – mit oder ohne Fallschirm.

STRASSENZUSTANDSBERICHT –
STREIFZUG DURCH DAS LAND DER ALLEEN

Nichts kann man in Mecklenburg-Vorpommern so gut wie Auto fahren. Und bei dieser Gelegenheit bemerkt man denn auch, dass die Versprechen der Wendezeit Wirklichkeit geworden sind. Freie Fahrt für freie Bürger – und die blühende Landschaft jagt nur so an einem vorüber. Das motorisierte Glück hat zwei eher unspektakuläre Namen: A 19 und A 20. Die beiden Pisten durchziehen das Land von Nord nach Süd und von West nach Ost – man durchquert es schneller als man gucken kann. Und das im wahrsten Sinne des Wortes. Denn bis auf die obligatorischen Baustellen und einige wenige Geschwindigkeitsbegrenzungen gibt es nichts, was das Fahrerherz langsamer schlagen lässt. Vorausgesetzt, man hat ordentlich Treibstoff gebunkert. Denn das Netz der Tankstellen entlang der Autobahnen ist immer noch löchrig.

Technischer Fortschritt trifft die Bewahrung alter Werte: Denn bevor die Schneise für die High-Speed-Piste A 20 durchs Land gezogen wurde, wühlten die Archäologen in der Erde, um zu retten, was ohne den modernen Straßenbau vermutlich nie gefunden worden wäre. Der Triwalker Graben, die Überreste einer Schlacht bei Woldag und der Fundort des Goldschatzes von Gützkow haben nun eines gemeinsam: Die kommenden hundert Jahre wird ihnen kein Archäologe mehr auf die Pelle rücken. Die Geheimnisse, die sie noch bergen mögen, sind begraben unter der meterdicken Schicht aus Stahlbeton und Asphalt. Immerhin, was nicht niet- und nagelfest war, wurde mitgenommen und in Museen verbracht. Zum Beispiel eine kleine kupferne Friedenstaube. Das einstige Schmuckstück könnte auch einen Engel darstellen, aber als Taube wirkt es deutlich symbolhafter.

Wenn Sie sich also über die größte archäologische Ausgrabungsstätte der vergangenen Jahre ins Land bewegen, lehnen Sie sich ab und an zurück und seien Sie sich der historischen Relevanz des Weges bewusst: Unter Ihren Rädern befindet sich das Erbe von Fürst Niklot, Fürst Borwin und Bauernvölkchen, die vor rund 12 000 Jahren nahrhafte Moose aus dem kargen Boden rupften.

Die auch als Ostseeautobahn bezeichnete und 2005 vollendete »Bundesautobahn A 20« zieht sich von Lübeck quer durch Mecklenburg-Vorpommern, kriegt kurz vor Greifswald die Kurve und endet im Brandenburgischen. So etwas gibt es wohl nur in einem Flächenland: Die A 20 ist die längste zusammenhängend gebaute deutsche Autobahn seit 1945. Wobei durchaus mit Hindernissen zu kämpfen war. Vor allem an der Grenze zu Schleswig-Holstein bewirkten Umweltschützer, dass die Anbindung zur A1 lange nicht zustande kam. Außerdem ist die Piste hier mit Tempolimits belegt, so dass man spätestens ab Grevesmühlen anfangen sollte abzubremsen. Dieses westliche Teilstück der A 20 bescherte uns anlässlich einer mangelhaften Fahrbahndecke auch die kostbare journalistische Wortschöpfung »Brüllbeton«: Die Autos verursachten auf dem nagelneuen Belag einen derartigen Lärm, dass sich Tierschützer und Anwohner die Ohren zuhielten. Auch Absenkungen der Fahrbahn waren zu verzeichnen, die den Reisenden unverhofft lustiges Kitzeln im Bauch bescherten. Vielleicht sind einfach die Geister der mecklenburgischen und wendischen Vorfahren in der Erde noch nicht zur Ruhe gekommen.

Nichts ist in Mecklenburg-Vorpommern so schwierig wie Auto fahren. Bevor die A 20 gebaut wurde, gab es heftige Diskussionen, ob sie überhaupt notwendig sei. Heute sind wir heilfroh, dass wir die Piste haben, und das nicht nur wegen der Zeitersparnis auf dem Weg von Wismar nach Greifswald. Denn sobald man die gut ausgebauten Autobahnen verlässt, ist man einheimischen Landstraßenbenutzern schutzlos ausgeliefert. Abgesehen von unverhofft aus dem Unterholz brechenden Landmaschinen, die dann mit Überbreite unbeirrt und mit geschätzten 15 Kilometern pro Stunde ihren Weg ins nächste Landmaschinenbasislager fahren, lassen sich grob folgende Typen unterscheiden, mit denen man es zu tun bekommt:

Vadder mit der Prinz-Heinrich-Mütze. Unklar, woher diese Mützen kommen. Aus Mecklenburg-Vorpommern jedenfalls nicht, denn hier wurden bis vor wenigen Jahren ausschließlich Pudelmützen getragen. Dennoch haben sich diese blauen oder braunen Deckel mit Kordel und schmalem Schirm etabliert wie vor 300 Jahren die Kartoffeln und sind von den Köpfen mancher Mecklenburger und Vorpommern nicht mehr wegzudenken. Fahrer mit Prinz-Heinrich-Mützen sind in der Regel schon etwas in die Jahre gekommen, etwa 55 plus. Sie haben oft ein entspanntes Verhältnis zu autoritären Staatsformen und nicken begeistert, wenn man zum Beispiel den Buchtitel »Lob der Disziplin« in die Gesprächsrunde wirft. Ihre Frauen tragen häufig den Kosenamen »Muddi«, und besagte Herren trauen sich nicht, die Reifen auch mal heiß werden zu lassen. Vielleicht liegt das sogar an den Frauen, die nach dem Haltegriff über der Tür langen, wenn der Wagen sich mit 40 Sachen in eine weit geschwungene Kurve legt. »Lass mal gut sein, Vaddern.« Wo 60 erlaubt sind, fährt Vadder mit der adligen Mütze 50 und verleitet andere Verkehrsteilnehmer zu waghalsigen Überholmanövern. Kommt es zu Unfällen, ist er immer im Recht, weil er nichts falsch gemacht hat. Dass überkorrektes Verhalten mitunter auch falsch sein kann, entzieht sich seiner schwarzweißen Nachkriegslogik. Besondere Vorsicht ist geboten, wenn Vaddern sein Ziel erreicht. Denn ungestüm abgebremst wird schon ungefähr einen halben Kilometer vor dem Abzweig. Der Abbiegevorgang selber vollzieht sich in nicht messbarer Geschwindigkeit und erzeugt nicht selten Staus auf freier Strecke.

Kevin mit der Killerkarre. Man ist geneigt aufzuatmen, wenn man statt besagter Mütze ein lustiges Bündel Duftbäume im Innenraum des Wagens vor sich schaukeln sieht. Denn die Enkel-Generation ist weitaus versierter im Umgang mit Fahrzeug und Verkehr. In Mecklenburg-Vorpommern sind nun mal mitunter auch längere Strecken zurückzulegen. Doch wo bis Anfang der Neunziger ein leidlich intaktes Netz von Nahverkehrsverbindungen existierte, stehen sich heute die Schulkinder an den wenigen Bus- und Bahnhaltestellen die Füße platt. Unlängst wurden auch in MV Fälle öffentlich, in denen sich Schaffner in Nahverkehrszügen oder Busfahrer sehr unnachgiebig gegenüber Minderjährigen, die knapp bei Kasse waren, verhielten. Die Kleinen wurden kurzerhand auf die Straße gesetzt, weil sie ihre einsfünfzig Taschengeld für einen Schokoriegel ausgegeben hatten. Man muss sich das mal vorstellen: ein 12-jähriges Mädchen, das mit Schulranzen und Cello auf dem Rücken zu Fuß die 15 Kilometer von der Schule zu der grünen Wiese laufen muss, auf der das Fertigteilhaus ihrer Eltern steht.

Da entsteht Frust, und da ist es auch klar, dass die jungen Leute schnell ihre Fahrerlaubnis machen, um unabhängig zu sein. Hit the Road, Jacqueline. Frust und Fahranfänger – das klingt nicht gut, und das ist auch kreuzgefährlich. Denn die Kevins und Ronnys, die Nadines und Connys neigen dazu, ihre fahrbaren Untersätze richtig durchzupusten, weshalb man wiederum einigen Abstand halten sollte. Denn sie treiben ihre Gefährte nicht mecklenburgisch-phlegmatisch voran, sondern eher italienisch-frisch und sind in ihrer Impulsivität schwer einzuschätzen. Immerhin wissen sie, wo die Blitzer stehen, und davon gibt es in MV wirklich jede Menge – besonders in der Müritz-Gegend und im Uecker-Randow-Kreis. In diesen Regionen geschehen auch die meisten Unfälle. Wer montags die Zeitung aufschlägt, kann sich vermutlich nur ein unzureichendes Bild von dem Grauen machen, das am Wochenende auf den Straßen des Landes geherrscht haben muss. Jedenfalls sind oft junge und sehr junge Leute Opfer dieser Unfälle. Deren Hauptursache laut Greifswalder Unfallforscher übrigens nicht Alkohol ist, sondern der überaus flotte Reifen, der gefahren wird. Hätten sie doch bloß auf Vaddern gehört.

Die Tuning-Typen. Es kommt auch vor, dass die Kevin-Generation langsam unterwegs ist. Sehr langsam sogar, häufig begleitet von einem lauten schabenden oder kratzenden

Geräusch. Oft vereiteln nämlich altertümliche, rundliche Buckelpisten, dass die Karren so richtig ausgefahren werden können. Da sitzen die jungen Leute dann in ihren Pilotensitzen mit 250 PS unter dem Hintern und bewegen sich mit Schrittgeschwindigkeit, weil die tief nach unten gezogene Frontschürze jeden Kopfstein knutscht.

Alte Autos wie neue aussehen zu lassen ist auch so ein Sport, den sich viele Mecklenburger und Vorpommer Jugendliche leisten, doch wenn unter glitzernd lackierten Spoilern das Fahrwerk fault, stehen den TÜV-Gutachtern regelmäßig die Haare zu Berge.

Tuning ist übrigens selbst Vaddern nicht fremd. Junge Leute von heute und die damals jugendlichen Herrschaften haben eines gemeinsam: den Wunsch, aus den maroden Kutschen optisch das letzte herauszuholen. So wurde bekanntlich auch in der DDR gewienert, was das Zeug hielt, und viele ließen es nicht beim zusätzlichen Paar Halogenschweinwerfer, das man im Polen-Urlaub erworben hatte. Ein Freund von mir verdiente viel Geld damit, Spoiler, Radkastenverbreiterungen und sogar Radkastenauskleidungen für den Wartburg anzubieten, hergestellt aus Kunstharz. So erschloss er eine Marktlücke, die ihn im ganzen Land bekannt machte. Inoffiziell bekannt. Denn die Anzeigen, mit denen er in Zeitschriften für seine Kunststoff-Produkte warb, waren eher unauffällig, und die Übergaben der begehrten Bauteile erfolgten konspirativ an zuvor vereinbarten Autobahnabfahrten. Geld bar auf die Hand. Schlangestehen inklusive.

Der Aussteiger. Mecklenburger und Vorpommer haben in der Regel ein starkes Rechtsbewusstsein. Das heißt, sie wissen stets sehr genau, wann das Recht auf ihrer Seite ist. Man sollte das auch im Straßenverkehr berücksichtigen, sonst bekommt man es mit dem Aussteiger zu tun. Und damit ist nicht der entspannte Alt-Hippie gemeint. Der Aussteiger ist die schärfste Form von Rechtsprechung auf der Straße.

Vorher gibt es in der Regel die Sturköpfigkeit. Begegnen sich zwei Wagen in einer schmalen Straße und in beiden sitzen Ureinwohner, dann passiert in der Regel erstmal gar nichts. Beide versteinern hinter ihren Steuerrädern und rühren sich nicht. Wenn man das zu weit treibt, lernt man den Aussteiger kennen. Erste Phase: Kopf schütteln, gestikulieren, Vogel zeigen. Zweite Phase: Tür öffnen (und kurz danach wieder schließen). Dritte Phase: aussteigen und rüberkommen.

Ein Freund aus Rostock berichtete von einem Vorfall in Dresden. Phase eins und zwei waren vorüber, Phase drei setzte ein. Der Typ von gegenüber stieg aus und kam rüber. Mein Kumpel leierte das Fenster runter. Jetzt gibt es was aufs Maul, dachte er, und sank tief in seinen Sitz. Der Typ beugte sich herunter und sagte in freundlichem Sächsisch: »Sie wer'n vielmals entschuldschen, gönnten Sie v'leicht a Stick'l zurückfohr'n?« So einfach geht das. Da ist man als Mecklenburger immer wieder überrascht.

Noch ein Wort zu den Unfällen: Viele gehen so fürchterlich aus, weil die Autos nicht einfach übers Feld schleudern, wenn sie den Boden der Straße unter den Rädern verlieren, sondern ungebremst gegen einen Baum donnern. Das ist die finstere Kehrseite einer landestypischen Attraktion, die Jahr für Jahr Urlauber in den Nordosten zieht: MV ist von Alleen durchzogen, die meist beidseitig, oft aber auch nurmehr einseitig mit Bäumen bestanden sind. Mit Ahorn, Linden, Eschen oder, makaber genug, der Blutbuche. Auch Obstbäume sind zu finden, angepflanzt häufig nach dem Zweiten Weltkrieg und durchaus mit dem Ernährungsgedanken im Hintergrund. Heute werden die schwer tragenden Gehölze kaum mehr abgeerntet, so dass sich entsprechende Alleen im Herbst durch einen Belag aus Pflaumen- oder Apfelmus auszeichnen.

Der Ursprung derartiger Bepflanzungen liegt allerdings weiter zurück. Als im 18. Jahrhundert die Landesfürsten begannen, französische Parkanlagen zu imitieren, da übernahmen sie auch gleich die Idee der Allee: Die Bäume rechts und links vom Straßenrand sollten Schutz bieten – und Orientierung, falls Fuhrwerke den Feldweg zu verfehlen drohten. Mehr als 4 000 Kilometer Alleen allein in MV kamen so zusammen. Fans dieser Gattung haben ausgerechnet, dass man, sämtliche derartige Wege und Straßen des Landes gerade hintereinander verlegt, auf mecklenburg-vorpommerschen Alleen von Lissabon nach Moskau lustwandeln könnte.

Oder eben mit dem Auto fahren. Wobei sich immer wieder herausstellt, dass die lauschig angelegten Straßen für heutige Verhältnisse völlig unterdimensioniert sind. Im Klartext heißt das: Viele der Alleebäume stehen viel zu dicht an der Asphaltpiste – und werden entsprechend in Mitleidenschaft gezogen. Wobei Kollisionen mit Autos wohl die geringsten Schäden verursachen. Schlimmer sind Schadstoffe wie Lauge oder Streusalz. 250 Jahre lang stehen die Bäume am Wegesrand. Und dann kommt der Winterdienst.

Einigermaßen in Ordnung ist die Welt noch auf Rügen, wo besonders viele baumgesäumte Wege anzutreffen sind. Dort beginnt auch die Deutsche Alleenstraße, die von der Insel direkt zum Bodensee führt. Der Grund, warum es ausgerechnet in MV und überhaupt in den östlichen Bundesländern so viele Straßen dieser Art gibt, ist schnell ausgemacht: Während im Westen im Sinne des aufkommenden Individualverkehrs kräftig abgeholzt wurde, blieben im Osten die Bäume stehen. Autos gab es nicht allzu viele, und sowieso fehlte es an Geld. Gleich nach der Wende haben die Naturschützer gut aufgepasst und waren schneller als die Tiefbauämter: In MV ist der Schutz der Alleen per Gesetz geregelt.

Wer Straßen hat, braucht auch Autos, die darauf fahren. Beinahe wäre sogar Mecklenburg-Vorpommern die Heimat der Automobilentwicklung geworden. Verursacher war Siegfried Marcus aus der Stadt Malchin. Die meiste Zeit seines Lebens verbrachte er allerdings in Wien, wo ihm auch ein Denkmal als »Erfinder des Automobils« gesetzt wurde. Die angegebene Jahreszahl 1866 stimmt zwar nicht, aber immerhin war Marcus 1870 nachweislich mit einem benzinbetriebenen Fahrzeug unterwegs. In Schrittgeschwindigkeit. Die Malchiner ehren ihren mecklenburgischen Rudolf Benz als größten Sohn der Stadt und zeigen im Museum einige der Prototypen, die Marcus erfand.

Siegfried Marcus hätte sicherlich seine Freude an den modernen Pisten in seiner alten Heimat – immerhin liegt Malchin nicht weit von der A 19 entfernt. Und doch begegnen sie einem immer wieder – die Ausgeburten realsozialistischer Flickschusterei, an der sich allenfalls die Schotten mit Hang zu Patchwork-Mustern Hände und Füße wärmen.

Es gibt aber auch Straßen in MV, die niemals Probleme mit dem Belag bekommen, geschweige denn mit angrenzenden Bäumen. Straßen, auf denen man seit Kurzem sogar oft ohne Führerschein hinters Steuer darf. Knappe Einführung genügt, Motor an, losfahren. Zugegebenermaßen geht es beim Lenken ohne Lappen nicht schneller zur Sache als in gehobener Schrittgeschwindigkeit: Die Rede ist von Flößen und voluminösen Freizeitkähnen, die man sich mieten kann, um dann auf den Wasserstraßen der Mecklenburger Seenplatte mit einer Art schwimmender Schrankwand herumzuschippern.

In MV darf jeder mal Skipper sein. Nicht jedem bekommt das, aber die Touristiker drücken bei den Freizeitkapitänen ein Auge zu. Normalerweise muss man nämlich eine Art Wasser-Fahrerlaubnis erlangen, auch wenn man sich nur auf Binnengewässern herumtreiben will. Nennenswerte Unfälle hat es offenbar noch nicht gegeben. Schließlich haben die Motoren an diesen schwimmenden Bungalows in der Regel gerade einmal fünf PS. Selbst wenn man todesmutig volle Kraft voraus gegen den Steg heizt, kommt hinten nicht mehr als ein freundschaftlicher Schubser an.

Was banal klingt, findet regen Zulauf. Noch bis vor wenigen Jahren war man mit einem motorisierten Floß samt kleiner Kajüte auf den verplankten Kunststoffschwimmkörpern ein Exot und an jeder Schleuse ein willkommenes Fotomotiv. Heute ziehen Flotten dieser Gefährte über die malerischen Gewässer der Mecklenburger Seenplatte und man muss Monate im Voraus buchen.

Da hilft nur: Umsatteln. Wer auf Flora und Fauna der Seenplatte nicht verzichten möchte, kommt mit Kanu oder Paddelboot sogar noch besser voran als mit den sperrigen Lustkähnen. Auf den teils recht großen Seen hat man ganz schön zu ackern, aber die schmalen Flussläufe und Kanäle sind aus der Perspektive des Kanuten einfach unschlagbar. Dem Nationalpark sei Dank, darf man bei den schönsten Seen die Ufer weder betreten noch ein Zelt darauf aufstellen. Versucht man es doch, brechen Wildschützer in Khakihosen aus dem Unterholz und vertreiben die Camper.

DIE KLEINE SCHWESTER –
HIDDENSEE

»... Nackt im Sande purzeln Menschen, selig töricht ...
Gar kein Schutzmann kommt gesprungen.
Doch im Bernstein träumen Fliegen.« (Ringelnatz)

Rockbands und Kinder über zehn Jahre haben eines gemeinsam: Obwohl innig geliebt, schaffen sie es nur noch selten auf die Heckklappe eines deutschen Mittelklassewagens. Pflichtschuldig wird vielleicht noch die Webadresse des Arbeitgebers auf den dunklen Metallic-Lack geklebt. Jedoch freiwillig und mit der ganzen Hingabe eines Fans streichelt der Deutsche einzig die Silhouette »seiner« Lieblingsinsel auf die teure Karosse. Ganz vorn liegen Sylt, Rügen und die Halbinsel Fischland-Darß-Zingst, dicht gefolgt von Usedom und Hiddensee. Menschen jenseits der 35 lassen vor der morgendlichen Fahrt zur Arbeit im Vorübergehen die Finger über den Aufkleber gleiten und seufzen sehnsüchtig, während sie sanft die Heckklappe in das Schloss einrasten lassen. Inseln. Wie schaffen die das nur?

Eine davon ist Hiddensee – die kleine bezaubernde Schwester Rügens. Etwas mehr als hundert Jahre ist es her, da mussten Besucher Hiddensees vom Fährschiff zunächst in ein Ruderboot steigen, das sie ans flache Ufer brachte. Die Männer hatten auszusteigen und mit hochgekrempelten Hosen durch das Wasser an Land zu waten. Frauen wurden je nach Aussehen, Alter und Gewicht vom Fährmann dorthin getragen. Heute hat sich die Anreise erleichtert und Hiddensee wird jährlich von ungefähr 60 000 Urlaubern und über 400 000 Tagesgästen besucht.

Wahrscheinlich liegt es an der doch überschaubaren Größe der Insel, dass die meisten Gäste nur Tagestouristen sind, die sich von Schaprode, Stralsund oder Zingst übersetzen lassen. Dabei ist es genau diese Winzigkeit, die den besonderen Reiz ausmacht und die der gehetzte Großstädter zum längeren Verweilen nutzen sollte. Denn auf gerade einmal 19 Quadratkilometern finden Sie herrliche Sandstrände, grüne Deiche, leuchtende Dünen und steile Klippen. Die Kraniche, die zu Zehntausenden aus Skandinavien und dem Baltikum im Herbst über die Insel ziehen und zusammen mit Wildgänsen im flachen Wasser der Umgebung rasten, sehen das Eiland aus der Luft wie ein Seepferdchen. Mit langem Schwanz gen Süden Richtung Stralsund gestreckt, blickt es bei leicht geöffnetem Maul auf das große Rügen. 17 Kilometer lang und am Bauch gerade einmal 3 Kilometer breit. Knapp 1 300 Einwohner leben in den vier Orten Grieben, Kloster, Vitte und Neuendorf. Die eher spröden Insulaner sind wie der klischeehafte Extrakt eines Norddeutschen: einfache, hart arbeitende Menschen, mit trockenem Humor, die modernen Dingen eher abgeneigt, dem Alkohol dafür aber zugetan sind.

Der Name Hiddensee stammt von »Hedinsey« beziehungsweise »Hedins-Oe« und bedeutet soviel wie »Insel des Hedin«, erinnert also an den legendären Norwegerkönig, der hier um Frau und Gold gekämpft haben soll. Dass es sich bei Hiddensee tatsächlich um eine Insel und nicht bloß um ein reizendes Anhängsel Rügens handelt, ist einer Sturmflut zu Beginn des 14. Jahrhunderts zu verdanken. Aus heutiger und rein touristischer Sicht war sie sicherlich ein wahrer Glücksfall – welchem Zipfel Land wird schon so viel Aufmerksamkeit zuteil, wenn er nicht ganz für sich allein steht.

Als ich in Vitte einmal mit einem jungen Paar aus Köln vor einem der vielen schilfgedeckten Fischerkaten ins Gespräch kam, fragten sie mich, was es hier für Sehenswürdigkeiten gäbe und welche Orte man sich in Mecklenburg-Vorpommern noch alle so ansehen müsste. Sie wären gerade angekommen und wollten sich während eines verlängerten Wochenendes zwar erholen, aber noch dies und jenes in MV besichtigen. Ein echter Insulaner hätte ihnen vielleicht geantwortet, dass Berlin und Dresden recht schön sein sollen und dann das Gespräch beendet. Im Hintergrund rauschte die mächtige Brandung der Ostsee, um uns herum lagen weite Salzwiesen, mooriges Reetdickicht, Heide, hügelige Wiesen, auf denen sich Pferde grüne Halme zupften, dazu die klare salzige Luft und im Norden ein Leuchtturm, von dem aus am Horizont die Kreidefelsen der dänischen Insel Møn erblickt werden konnten. In der Pose eines Fernsehpredigers hätte ich den beiden Opfern der Zivilisation zurufen sollen, dass sie ihre Reise hier beenden sollten, Rügen herrlich sei, Usedom traumhaft, auch der Darß phantastisch, aber da es sie nun schon mal auf diese Insel verschlagen hätte, sollten sie doch einfach bleiben und die »Perle der Ostsee« genießen.

Allerdings ist Hiddensee in der Urlaubssaison für spontane Übernachtungen ungeeignet, Zelten ist verboten und die Zimmer sind seit Monaten ausgebucht. Wer kommen will, sollte versuchen, ein paar Tage einzuplanen, um neben den landschaftlichen Reizen vor allem die in Fülle gebotene Ereignislosigkeit aufnehmen zu können. Die Insel ist reich an Dingen, die sie nicht hat. Kein privater Autoverkehr, keine prunkvollen Promenaden, keine Luxushotels, auch ein buntes Nachtleben oder Wellnesstempel sucht man vergebens. Und genau dieser Mangel an touristischen Attraktionen begründet den Zauber des Eilandes. Der Besucher lässt sein Auto auf dem Festland im 21. Jahrhundert zurück. Wenn die Fähre an einem der drei Häfen – in Kloster, Vitte oder Neuendorf – anlegt, geht er von Bord und betritt ein Stück Vergangenheit. An den Kais warten Pferdekutschen auf die Gäste. Manche nehmen sich auch einen der im Gras liegenden Bollerwagen, hieven das Gepäck hinein und zuckeln glücklich über die Insel, als schöben sie einen Handwagen voll Kindheitserinnerungen vor sich her.

Die Mischung aus reizvoller Landschaft, Ursprünglichkeit und nahezu meditativer Ruhe lockt seit jeher den empfindsamen Reisenden an: Schriftsteller, Dichter, Maler und Schauspieler begründeten nach dem Ersten Weltkrieg Hiddensees Ruf als Künstler- und Intellektueleninsel. Thomas Mann, Albert Einstein, Sigmund Freud, Billy Wilder, Max Reinhardt, Ernst Barlach, Carl Zuckmayer, Heinrich George und viele andere zog es seit den 20er-Jahren hierher. Der Münchener Schriftsteller und Sozialist Erich Mühsam erholte sich an diesem Ort von missglückter Revolution und anschließender Inhaftierung. Hans Fallada beendete auf der Insel seine Schreibblockade und stellte seinen Roman »Kleiner Mann – was nun?« fertig. Die dänische Stummfilm-Diva Asta Nielsen ließ sich für die Sommermonate in Vitte ein an allen Ecken abgerundetes Haus namens »Karusel« bauen. Im Zentrum der kulturellen Society thronte jedoch seit Beginn des Jahrhunderts Literatur-Nobelpreisträger Gerhart Hauptmann. Er war der König von Hiddensee. Während der zahlreichen Sommer, die er hier verbrachte, empfing er jeden Abend Literaten und andere Künstler. Hauptmann kam nicht wie gewöhnliche Sterbliche zusammen mit anderen Reisenden, sondern wurde mit seinem Gefolge in einem extra mit Flaggen geschmückten Schiff übergesetzt. Die Aufmerksamkeit, die er auf sich zog, verärgerte Thomas Mann wohl derart, dass er mitsamt Familie die Insel vorzeitig verließ, auf die ihn der Schriftstellerkollege eingeladen hatte. Hauptmanns repräsentatives Haus »Seedorn« ist heute eine Gedenkstätte. Er selbst ist in Kloster begraben.

Ob Sie als Tagestourist Hiddensee besuchen oder für mehrere Tage bleiben, Sie sollten Hauptmanns Haus ebenso wenig versäumen wie die Blaue Scheune in Vitte und den Leuchtturm Dornbusch. Auf dem Weg dorthin müssen Sie hinauf auf den im Norden gelegenen 72 Meter hohen Bakenberg. Jeder noch so ortskundige Besucher wird angesichts des sogenannten »Inselblicks« andächtig stehen bleiben. Die kleine Insel, die der großen See trotzt, liegt zu Ihren Füßen, fast so, als könnten Sie sie umarmen. Spätestens jetzt werden Sie sich als Ausflügler wünschen, ein paar Tage länger bleiben zu können, und spätestens jetzt fragen Sie sich, wo, zum Hedin, es diese kleinen Aufkleber für die Heckklappe gibt.

• Bei Anreise mit dem Auto könnten die Parkplätze direkt an der Fähre knapp werden. Setzen Sie vielleicht erst einen Mitfahrer mit dem Gepäck am Fähranleger ab und suchen dann einen Abstellplatz.

• Tragen Sie im Herbst ein Stirnband oder eine Mütze mit Ohrenschützern, dann fühlen Sie sich auf der Fähre nicht so allein.

• Hiddensee ist perfekt für Radler und Wanderer. Sie können mit der Fahrkarte, die Sie in Schaprode lösen, von jedem der drei Häfen mit der Fähre zurückfahren. Die Radtour »Rund Hiddensee« ist ca. 25 Kilometer lang.

• Für Abwechslung in den Urlaubswochen sorgen naturkundliche Führungen, die Seebühne mit Puppenspiel, ein kleines Konzert oder das Zeltkino. Kultstreifen ist hier der DEFA-Film »Lütt Matten und die weiße Muschel« von 1964.

• Spaziergänge
    - Kloster – Leuchtturm – Enddorn – Grieben – Kloster (9 Kilometer)
    - Vitte – Dünenheide – Vitte (6 – 8 Kilometer)
    - Vitte – Kloster – Dornbusch – Vitte (6 – 8 Kilometer)

• Nicht nur Ornithologen sollten mal eine der Kranichtouren im Herbst unternehmen. Die Beobachtung der Vögel ist gar nicht so langweilig, wie es vielleicht klingen mag. Von ihnen heißt es, sie seien so wachsam, dass sie auf jeder Feder ein Auge trügen und im Schnabel einen Stein.

• Suchen Sie Bernsteine nach einer sturmumtosten Nacht, so wie einst der Dichter Joachim Ringelnatz. Die mit ihm befreundete Asta Nielsen schrieb dazu 1929 in ihr Tagebuch: »Heute morgen verließ Ringelnatz das Haus, (…) ein gelbes Tuch auf dem Kopf und eine bunte Tasche auf dem Bauch für Bernsteine, die er zu suchen beabsichtigte«. Vier Tage später: »Ringelnatz sucht immer noch Bernstein, das einzige, was er aber gefunden hat, ist eine Kneipe …«.

• »Hoch stand der Sanddorn am Strand von Hiddensee, Micha, mein Micha, und alles tat so weh«; lernen Sie den Text von Nina Hagens Dauerbrenner »Farbfilm« auswendig. Sie finden ihn auch unter www.anleitung-mv.de. Dem Song können Sie seit 1974 auf der Insel ohnehin nicht entkommen.

DIKTATUR UNTER SEGELN –
PARADIES FÜR WASSERSPORTLER

Eine leichte Brise geht, die Sonne glitzert auf den Wellen. Das weiße Segel bauscht sich im Wind und vorm Bug spritzt fröhlich die Gischt. Wir stehen an Deck eines Seglers und genießen die sanfte Bewegung des Rumpfes, das Gefühl von Freiheit. Im Geiste erklingt ein Lied: »Auf Schwingen gleiten wir ins Morgengrauen, auf Wogen reiten wir durch Gischt und Schaum. Getaucht in Meeresgrün und Sonnenglanz. Der Wind spielt dazu seinen wilden Tanz …«

Knarz! Der Tonarm wird unsanft zur Seite gerissen. »Was machst du denn so lange da vorne?!«, brüllt mein Kumpel von hinten übers Deck. Ich hocke am Bug und versuche, den bleischweren Anker zu lichten. Mit einer Hand. Mit der anderen halte ich mich am Bugkorb fest, um nicht kopfüber im Wasser zu landen. Das Boot wirft sich wütend in die Wellen. Anderthalb Meter geht es rauf und wieder runter. »Du sollst nicht pennen!«

Mein Kumpel, der Skipper. Ein Wochenendausflug mit dem Segelboot sollte es werden. Eine lauschige Ausfahrt Richtung Hiddensee. Es wird ein Höllentrip. Es gibt Männer, die sich verwandeln, wenn sie ins Auto steigen. Hinterm Lenkrad werden sie zu Meckerern und Machos. Auf dem Segelboot passiert das auch. Nur schlimmer.

Ein Segeltörn soll Ihren Urlaub abrunden? Nur zu. Allerdings sollten Segel-Laien ein paar gut gemeinte Ratschläge beherzigen:

Erstens: An Bord herrscht Diktatur. Wer ein Segelboot betritt, lässt die Demokratie mit allen ihren Segnungen hinter sich. Entscheidungen der Basis werden unter Segeln grundsätzlich missachtet. Der Kapitän nennt sich Skipper, und der Skipper hat das Sagen.

Zweitens: Segelnde Mecklenburger oder Vorpommern sind nicht phlegmatisch. Jedenfalls nicht an Bord ihres Seglers. Ich hatte meinen Kumpel stets als eher ruhigen Rostocker erlebt. Von der See-Seite kannte ich ihn noch nicht. Mein ausgeglichener Dr. Jeckyll verwandelte sich auf dem Wasser in einen ungebärdigen Mr. Hyde. Eine Mutation übrigens, die gerade bei älteren Herrschaften mit einer erstaunlichen Fähigkeit gepaart ist, sich trotz eines mächtigen Bierbauchs behände übers Deck zu schwingen. Woher mag das kommen?

»An Bord wird eben immer ein bisschen herumgebrüllt«, wird mein Kumpel später lakonisch beim Kaffee sagen. Wenig hilfreich. Vielleicht ist es der frische Wind, der an der Küste immer weht, vielleicht das Wasser, mit dem man bei einem Törn andauernd besprengt wird. Wahrscheinlich ist es aber die Verantwortung, die übernimmt, wer eine Mannschaft heil durch die Elemente bringen muss. Letzteres würde auch den hemmungslosen Aberglauben erklären, der bei jeder Gelegenheit ein Unheil auf das Boot zurollen sieht wie eine Monsterwelle, die sich aus ruhiger See erhebt. »An Bord pfeifen nur der Wind oder der Kapitän«, fährt mich mein Kumpel an, als ich ein fröhliches Liedchen anstimme. Spökenkiekerei möchte man das nennen, Geisterseherei. Doch an Bord sollte man den aufgeklärten Menschen hinter sich lassen – und den Mund halten.

Drittens: Ein sanftes Dümpeln mit Kaffee und Kuchen erlebt man eher selten. Meistens kommt der Wind exakt aus der falschen Richtung, also von vorn. Immer ist es an Bord kälter als man denkt, und in der Regel sind auch die Sitzgelegenheiten unbequemer als man erwartet. Einmal versuchte mein Großvater, einen Segler zusammen mit seinem bequemen Klappstuhl zu betreten. Ein Wunder, dass er hinterher überhaupt mitsegeln durfte. Also auf keinen Fall eigenes Mobiliar mitbringen. Und niemals mit Straßenschuhen das Deck betreten.

Viertens, fast deckungsgleich mit erstens: Den Anweisungen des Skippers ist nicht nur zu folgen, sondern seine Manöver sind auch nicht infrage zu stellen. Selbst wenn er sich ungeschickt anstellt. Schließlich gehört auch das unbedingt zum Segeln: dass am Ufer einer steht, der alles besser kann. Besonders heikel sind übrigens die An- und Ablegemanöver, bei denen selbst Ehefrauen und Kinder hemmungslos angebrüllt werden. Da stehen dann die Klubkameraden mit den Händen in den Taschen der weißen Latzhosen an der Mole und legen die Stirn sorgenvoll in Falten, als wäre es ihr Kahn, der da an der Kaimauer entlangschrammt.

An neugierigen Zaungästen kommt man aber in der Regel nicht vorbei: Der Großteil der Segler ist organisiert, allein der Seglerverband Mecklenburg-Vorpommerns zählt fast 90 Klubs an Binnen-, Bodden- und Meeresgewässern. Hat man aber alles beherzigt, wiegt das reine Vergnügen des Segelns die Unannehmlichkeiten auf. Das Revier tut ein Übriges: unberührte Küsten, leer gefegte Gewässer. Freie Fahrt für freie Segler, jeder Liegeplatz ein Geheimtipp, der einem selbst in der Hochsaison selten von anderen streitig gemacht wird. Da weiß man wieder, was man an einem dünn besiedelten Flächenland hat.

Außer auf Hiddensee oder in Warnemünde vielleicht. Da muss man schon mal in der zweiten Reihe parken und, um an den Steg zu kommen, über andere Boote hinübersteigen. Dabei kann es leicht passieren, dass man in der Plicht – also hinten, wo es eine Sitzgelegenheit gibt – gewissermaßen hängen bleibt, um dem fremden Skipper Seglergeschichten zu erzählen – oder erzählt zu bekommen. Denn auch das gehört zum Segeln: dass man anschließend die wildesten Storys darüber zum Besten gibt. Und da sind die Segler wahrscheinlich noch schlimmer als die Angler, die selbstbewusst die Maßzahlen ihrer gefangenen Fische aufrunden. Wer also per Boot unterwegs ist, muss auch in der Lage sein, ein ordentliches Seemannsgarn zu spinnen. Und dazu zählt zwingend das richtige Vokabular. Anfänger sollten sich bei Kneipengesprächen dieser Art zurückhalten, aber ein paar Fachbegriffe zum Verständnis oder, besser noch, um den Redeschwall des Gegenüber durch gezielte Einwürfe im Fluss zu halten, erweisen sich immer als nützlich:

Backbord und steuerbord – sind links und rechts.

Bug und Heck – das sind vorn und hinten auf dem Segler.

Mast – daran wird das Segel nach oben gezogen. »Mast und Schotbruch« wünschen sich manche Segler. Der Mast kann zweifellos brechen. Aber die Schoten?

Schoten – das sind die Leinen, an denen die Segel festgezurrt werden. Damit die Schoten leichter laufen, werden sie über Rollen (»Blöcke«) oder knarrende Winschen geführt.

Kiel – »immer eine Handbreit Wasser unter dem Kiel«, auch das wünschen sich Segler. Geht aber nur, wenn man einen Kiel hat. Hat man keinen, segelt man mit einer Jolle, die mit einem beweglichen Schwert ausgestattet ist. Kielboote können nicht kentern, Jollen nicht sinken. Ohne das weiter zu vertiefen: Auf der Ostsee empfiehlt sich ein robustes Kielboot, auf Bodden und Binnengewässern, wo man nicht selten kilometerlang zu Fuß durchs flache Wasser laufen kann, ein Boot mit Schwert.

Und ganz unten im Boot lebt das Kielschwein. Fragen Sie mal, wie es ihm geht.

Luv und Lee – sind ganz wichtig für bestimmte Verrichtungen an Bord. Nur so viel: Lee ist die Seite, auf der man sich über Bord hängen sollte, wenn man seekrank geworden ist und »die Fische füttert«. Niemals nach Luv spucken, sonst hat man zum Brechreiz auch noch die üble Laune des Skippers am Hals.

Ganz wichtig sind auch die Kurse, auf denen man segeln kann:

»Hart am Wind« – der wohl berühmteste Kurs. Wenn man als völliger Laie erkannt werden will, dann muss man diesen Kurs so nennen. Alle anderen sagen »hoch am Wind«. Oder auch nur »am Wind«. Der Wind kommt fast von vorn, das Boot legt sich ordentlich auf die Seite und knallt mit dem Bug in die Wellen, weil auch die von vorn kommen.

Die Schoten werden so stramm gezogen wie es nur geht, der Großbaum ist fast mittschiffs. Auf Jollen wird man gnadenlos nass gespritzt, wenn es ganz schlimm kommt, muss man pützen – mit einem Gefäß das Boot ausschöpfen, damit es nicht absäuft.

Halber Wind – wenn der Wind von der Seite kommt. Das ist ein Kurs, der Spaß macht. Das Boot legt sich mitunter recht stark auf die Seite, macht aber ordentlich Fahrt.

Raumer Wind – macht noch mehr Spaß. Der Wind kommt schräg von hinten, und selbst behäbige Boote kommen ins Surfen. Geschwindigkeitsrausch bei 10 km/h.

Achterlicher Wind – da kommt die Brise direkt von hinten. Selbst kräftiger Wind erscheint einem wie ein Hauch. Kaffee und Kuchen raus. Aber Vorsicht: Dieser Kurs kann gefährlich werden. Es droht die Halse: Wenn der Großbaum am Mast sich nicht entscheiden kann, in welche Richtung er das Großsegel schwenkt, wechselt er manchmal unverhofft die Seiten. Fegt von einer Seite zur anderen und hat so schon manche Jolle zum Kentern gebracht.

Die Halse ist ein wichtiges Manöver auf See, aber nicht das wichtigste. Denn das ist zweifellos *die Wende*. Leider hat ihr Ansehen etwas unter der inflationären Verwendung seit den Ereignissen von 1989 gelitten. Dabei beruht ihr Gebrauch offenbar auf einem Missverständnis. Christa Wolf zum Beispiel interpretierte sie eher gewagt in ihrer Rede auf der legendären Alexanderplatz-Demonstration am 4. November besagten Jahres: »Mit dem Wort ›Wende‹ habe ich meine Schwierigkeiten«, sagte sie. »Ich sehe da ein Segelboot. Der Kapitän ruft: ›Klar zur Wende?‹, weil der Wind sich gedreht hat oder ihm ins Gesicht bläst. Und die Mannschaft duckt sich, wenn der Segelbaum über das Boot fegt. Aber stimmt dieses Bild noch?«

Ob dieses Bild stimmt? Da kann man als Segler natürlich nur lachen. Noch nie hat es gestimmt, denn es beschreibt keine Wende, sondern allenfalls den chaotischen Zustand auf einem Boot, das bald auf Grund liegt. Dabei gibt es kaum ein konzentrierteres Manöver als eine Wende. Man nimmt Fahrt auf, es ertönt das Kommando (und das ist keine Frage!): »Klar zur Wende!« Dann geht der Bug durch den Wind und auf das Kommando »Re!« werden die flatternden Segel auf der anderen Seite wieder festgezogen. Voraussetzung für eine Wende ist, dass der Wind sich eben nicht dreht. In der Tat sind es schlechte Kapitäne, die den Kurs wechseln, wenn ihnen der Wind ins Gesicht weht, da hat Christa Wolf recht. Aber insgesamt ist Segeln wohl kein gutes Bild für das, was vierzig Jahre lang in der DDR praktiziert wurde.

Unter Seglern finden sich natürlich auch verschiedene Typen. Es gibt diejenigen, die für jedes noch so kleine Teilchen an Bord einen Fachbegriff parat haben. Und es gibt die, die einfach segeln können. Allen gemeinsam ist der grenzenlose Spaß, das Land vom Wasser aus zu betrachten, vielen, in einer Gegend unterwegs zu sein, die sich nicht entscheiden kann: Land oder Wasser? Binnengewässer oder offenes Meer? Die Bodden mit ihrer Anbindung an die Ostsee, ein bisschen zahmer als das Meer und weniger salzig, gibt es tatsächlich fast nur in Vorpommern: öst- und südlich von Fischland, Darß, Zingst, auf der Insel Rügen, an der Ostseite von Usedom. Entlang der Küstenlinie des Saaler, Bodstedter oder auch des Greifswalder und wunderschönen Großen Jasmunder Boddens lassen sich endlose Schilfgürtel, verschlafene Fischerdörfer erkunden, dazu versteckte Buchten und lauschige Strände entdecken, die einem selbst in der Hochsaison kaum von anderen Seglern streitig gemacht werden.

Auf diese Weise kann man auch landschaftliche Phänomene erleben, die andere nur mühsam oder nach längerer Wanderung zu sehen bekommen. Das große Naturschutzgebiet am Ostzipfel von Fischland, Darß und Zingst zum Beispiel. Wer die Südseite der Halbinsel passiert, erfährt, wie sich das Festland nach und nach auflöst und der Bodden zwischen kleinen, hell schimmernden Inselchen im blauen Wasser die offene See berührt. Ein Wattenmeer ohne lästige Ebbe und Flut. Zwischen den Erderhebungen ist das Wasser teilweise so flach, dass selbst die Möwen in die Knie gehen müssen, um nass zu werden. Nach jedem Sturm sieht die Gegend anders aus. Die Veränderung der Uferlinie – Versandungen und Überschwemmungen – lassen sich hier wie im Zeitraffer beobachten. Und von ferne grüßt schon Hiddensee majestätisch herüber. Sicherlich, ein Großteil dieser malerischen Küste ist selbst für Segler verboten. Da hat der Naturschutz ganze Arbeit geleistet. Aber auch mit gebührendem Abstand bleibt der Anblick ein selbst bei Windstille berauschender.

Auf der Seeseite lohnt sich die Tour gleichfalls. Wer einmal die Insel Rügen umrundet hat, wird nie wieder Postkarten von den Kreidefelsen kaufen. Die erhabenen Kirchtürme der alten Hansestädte entlang der Ostseeküste weisen mit unverkennbaren Silhouetten den Weg. Allerdings nicht nur sie. Nähert man sich heute Rostock von See her, grüßt einen, kaum dass man den Hafen der dänischen Stadt Gedser verlassen hat, aus großer Ferne der riesige Kühlturm eines Heizkraftwerks.

Was die nagelneuen Autobahnrastplätze an der A 20 für die Autofahrer darstellen, das sind die vielen neuen Marinas für die Segler. Am Alten Strom von Warnemünde sieht man im Sommer vor Masten kaum die traditionellen Fischerhäuschen. Und was für die Ostseeküste gilt, das lässt sich auch in allen anderen Segelrevieren Mecklenburg-Vorpommerns beobachten. Mittlerweile gibt es im Land mehr als 350 gut ausgestattete Stationen für wasserwandernde Ausspanner. Die Nachfrage ist so groß, dass die Landespolitik einmal sogar auf die Idee verfiel, Arbeitslose zu Segellehrern ausbilden zu lassen. Auch als Schulfach wurde Segeln zumindest als Pilotprojekt eingeführt.

Gesegelt wird in Mecklenburg-Vorpommern nicht erst seit gestern. Schon 1884 wurde in Rostock ein entsprechender Klub gegründet. Und als im März 1888 in Hamburg der Deutsche Segler-Verband aus der Taufe gehoben wurde, waren auch Rostocker Skipper mit dabei. Zumindest im Geiste, denn die Delegation aus der Hansestadt, ein Herr Josephi vom Segelclub »Greif«, blieb auf dem Weg zum Veranstaltungsort im Schnee stecken.

Der deutsche Kaiser Friedrich Wilhelm hatte den Segelport zur Staatsangelegenheit erklärt und die Gründung von Vereinen kräftig angeregt. Das Staatsoberhaupt segelte selber leidenschaftlich gern. Allerdings legte er dabei nicht Hand an, sondern ließ sich von versierten Skippern in der Kieler Bucht herumschippern. Das muss furchtbar langweilig gewesen sein für den Kaiser, denn selber segeln macht den allermeisten Spaß.

Es dauerte allerdings eine Zeit, bis sich diese Fortbewegungsart zum Breitensport entwickelte. Bis ins späte 19. Jahrhundert hinein wurde nur gesegelt, wenn man musste. Und danach war das Herumkreuzen auf See eher eine lukrative Touristenbelustigung. Die ersten Regatten waren Schauwettbewerbe für Urlauber, und den Fischern ging es schlichtweg ums Preisgeld. Gleichwohl fand der Sport mit der Zeit immer mehr Freunde, und wenn auch das Volk die kaiserliche Yacht »Meteor« samt Staatsoberhaupt nie vor Warnemünde sichtete – für Skipper in Kiel und anderswo wurde die mecklenburgische Ostseeküste zunehmend interessant.

Nach der Vereinnahmung der Segelklubs durch die Nationalsozialisten und im Anschluss an den Zweiten Weltkrieg kam die Segelei vor der mecklenburgischen und vorpommerschen Küste nur langsam wieder in Fahrt. Was noch schwamm, wurde konfisziert. Offiziell zumindest. Dass nicht alle Boote abgeliefert wurden, steht auf einem anderen Blatt. Beispiel Warnemünde: 1945 gab es noch drei Yachten und eine kleine Jolle, erinnern sich alte Segler. Man nutzte sie nur, um zu angeln, von Wassersport war keine Rede. Aber so leicht lassen sich echte Skipper nicht unterkriegen. Durch Eigenbau aus Brettern und Kisten, die Segel wurden aus altem Bettzeug geschneidert, und durch aufwendige Tauschgeschäfte konnte die Zahl der Boote bald vergrößert werden, so dass man begann, an eine Fortsetzung der Regatta-Tradition zu denken. Die Warnemünder Woche hatte als Publikumsmagnet seit 1926 Erfolge gefeiert. 1950, nur fünf Jahre nach Kriegsende, stachen die Warnemünder erstmals wieder gemeinsam für eine Regatta in See. Einen richtigen Sieger gab es allerdings nicht zu vermelden, denn nach der Ausfahrt bei frischem Wind kamen sämtliche Yachten demoliert in den Hafen zurück. Aber die Tradition war wieder aufgenommen worden. Schon im folgenden Jahr organisierten die Segler die nächste Warnemünder Woche, die jedoch in Ostsee-Woche umbenannt werden musste. Wieder war der Wind frisch, eine Yacht strandete vor Kühlungsborn und musste freigeschleppt werden. Teilnehmer aus Berlin kamen wegen des Weststurms gar nicht am Darßer Ort vorbei und konnten nicht teilnehmen. »Segeln ist die teuerste und unbequemste Art, sich langsam fortzubewegen«, lästern selbst erfahrene Skipper. Aber die Warnemünder Woche gibt es trotz aller Hindernisse bis heute.

In diesem Zusammenhang verdient Erwähnung, welche Bedeutung die Ereignisse von 1989 für die Küstenbewohner hatte. Wenn Segeln Freiheit darstellt, dann war der DDR-Segler so unfrei wie kaum ein anderer Sportler. Entsprechend bedeutete die politische Wende vor allem eines: die immense Ausdehnung des Reviers. Zur Zeit des realen Sozialismus durfte nur aufs offene Meer, wer einen entsprechenden Berechtigungsschein vorweisen konnte. Alle anderen bewegten sich ausschließlich auf Binnengewässern. Ganz unproblematisch war auch das nicht. Denn wo Bodden und offenes Meer ineinander übergehen, da verschwimmen die Grenzen. Wer dann einen naheliegenden Kurs quer übers Meer einschlagen wollte, dem konnte es passieren, dass er von einem Schnellboot der Marine aufgebracht wurde.

Eine Genehmigung zum Befahren küstennaher Gewässer innerhalb der sogenannten Drei-Meilen-Zone wurde gewöhnlich nur Leuten ausgestellt, von denen die Partei- und Staatsführung sicher sein konnte, dass sie nicht mit geblähten Segeln in die falsche Richtung abdrehen würden. Gleichwohl ist einigen genau dies gelungen. Zum Beispiel jenem Rostocker, der an einem trüben Herbsttag des

Jahres 1988 mit einer winzigen Jolle und geschwärzten Segeln Richtung Dänemark fuhr. Ohne Berechtigungsschein. Der Schriftsteller Friedrich Christian Delius hat die Geschichte aufgeschrieben und unter dem Titel »Der Spaziergang von Rostock nach Syracus« veröffentlicht. Dass für den Rostocker die freiwillige Rückkehr in die DDR nach einem kurzen Italienaufenthalt genauso schwer wurde wie die Ausreise, ist ein anderes Kapitel.

Die politische Wende von 1989 bedeutete denn auch einen Aufschwung international angesehener Segelwettbewerbe. Weil die beschauliche Ostseeküste aber kaum mit pazifischen Revieren konkurrieren kann, finden die größten Regatten der Welt wie der »America's Cup« nach wie vor anderswo statt. Jedoch selbst solche ungleichen Wettbewerbe enden mitunter siegreich für kleine Davids, die die großen Goliaths ganz schön dumm aus dem Ölzeug gucken lassen. 2003 ging jener wichtige »America's Cup« nicht nach Australien, Neuseeland oder in die USA, die diese Superregatta seit 1851 fast immer für sich entschieden hatten. In jenem denkwürdigen Jahr gewann ausgerechnet die Schweiz, ein Binnenland. Sportdirektor der siegreichen Rennyacht »Alinghi« war Jochen Schümann, dreifacher Olympiasieger, der in den 1970ern als Skipper einer kleinen flinken Jolle auf der Ostsee vor Warnemünde erstmals von sich reden gemacht hatte.

Nachtrag: Auf Wellen reiten wir? Auf Wogen gleiten wir? Mit der politischen Wende geriet auch der musikalische Polen-Import »Die Roten Gitarren« in Vergessenheit. Zu Recht. Denn ihr 70er-Jahre-Schlager »Weißes Boot« gehört zum furchtbarsten, was je über das Segeln getextet und gesungen wurde.

ENTE ÜBER BORD –
FREGATTEN AUF DER HANSE SAIL

Am westlichen Ende des Rostocker Stadthafens reihe ich mich in den Strom der Menschen ein. Dort liegt das Hotelschiff Georg Büchner unweit der eleganten Segelbootgeschosse, die mit 26 Meter hohen Masten, so hoch wie ein achtgeschossiges Haus, ein paar Jahre zuvor bei der halsbrecherischen Regatta »Volvo Ocean Race« um die halbe Welt gejagt sind. Nun empfangen die Hochgeschwindigkeitsschiffe zahlungskräftige Touristen, Geschäftspartner und Betriebsausflügler. Aus den Lautsprechern über mir tönt: »Der fünfjährige Dennis vermisst seine Eltern und freut sich, im Presse-Büro der Hanse Sail vor der NDR-Bühne wieder abgeholt zu werden.« Am Haribo-Stand, der die lustig-süße Gelatinemischung auf 10 Metern wie andernorts Gemüse feil bietet, ist der arme Junge sicher nicht vorbei gekommen. Zufällig stehe ich im Augenblick der Durchsage neben der Mutter, die gerade eben noch hinter einem Plüschtierkäfig mit Greiferarm nach ihrem Jungen suchte. Sie schaut sich um und ruft »Je(ääää)ns, sie ham' De(ääää)nnis«. Keine Antwort, denn nun fehlt Jens, offenbar der männliche Erziehungsberechtigte des kleinen Rackers. Verzweifelt blickt sie sich um. »Den Jeäääns haben se auch schon«, erlaube ich mir eine scherzhafte Bemerkung, die sie aber gar nicht so aufmunternd findet, wie sie gemeint war.

Man kann sich leicht aus den Augen verlieren bei der Vielzahl an Schaulustigen, die sich Jahr für Jahr über die Volksfeste des Landes schieben. Allein die Hanse Sail zählt knapp eine Million Gäste. Dutzende Biertresen, Souvenirstände, an denen man echte Seemannsknoten und Frühstücksbretter mit eingebrannten Liebesschwüren erwerben kann, mobile Piercing- und Haarflechtstationen locken den unschuldig Flanierenden – und passt der einmal nicht auf, sind schwuppdiwupp die Angehörigen weg. *Hier* werde ich bestimmt nicht alt, kalauert es in meinem Kopf, als ich eine Holzbude passiere, deren Insasse von sich behauptet, die Lebenslinien meiner Hand und die der hunderttausend anderen Gäste lesen zu können.

Ich will mit meiner zweijährigen Tochter einmal über die Vergnügungsmeile gehen, hoch zu den etwa zwei Kilometer entfernten großen Speichergebäuden, die aus der Entfernung immer so majestätisch über das Wasser der Warnow schauen. Auf dem Weg möchte ich ihr Schiffe, Kapitäne, Galionsfiguren und Matrosen zeigen. Da taucht plötzlich eine alte Freundin vor uns auf. Sie trägt ein quietschgelbes Entenkostüm, wie man es vielleicht aus Vergnügungsparks kennt, und scheint, wie auch der eine oder andere Besucher, ein wenig angetrunken zu sein, was angesichts ihrer Maskerade sicher nicht von Nachteil ist. Durch den Schnabel säuselt sie mir ins Ohr, dass dies ihr Junggesellinnenabschied sei und dass ich sie gegen eine Gebühr nun küssen dürfe, hicks, oder so. Wenn Sie hundert Euro zusammen habe, dann mache sie später einen Rundflug. Ungläubig schaue ich auf ihr Federkleid. »Mit dem Heißluftballon«, ergänzt meine Entenfreundin. »Den

Rest zahlen die«, zeigt sie mit ihrem Flügel auf eine Gruppe schnatternder junger Frauen. Ich gebe ihr einen Kuss, lass ein paar Münzen in die Sammeltasse fallen und wünsche einen guten Flug. Eine traumhafte Idee, sich das maritime Fest, die vielen Traditionssegler, Museumsschiffe und Fähren aus der Vogelperspektive anzusehen. Auch Wasserflugzeuge und selbst ein Riesenrad bieten die Gelegenheit einer phantastischen Aussicht.

An jedem zweiten Augustwochenende im Jahr verwandelt sich an vier Tagen das Terrain zwischen dem Stadthafen im Zentrum Rostocks und dem ca. 15 Kilometer nördlich gelegenen Ostseebad Warnemünde in ein farbenfrohes Treiben aus Menschen und Booten. Wir setzen unseren Weg fort, rechts die Buden, links die unzähligen Boote, die über Kilometer in Dreier- und Viererpacks an der Kaikante liegen. Tagesgäste und Möwen tummeln sich auf den Stegen, linsen neugierig in die Kajüten, andere sitzen an Deck, essen und trinken oder spannen einfach in den Netzen der Segler aus. Die Stimmung ist vergnügt, man unterhält und amüsiert sich oder schaut gelassen den vorbei laufenden Schiffen und Menschen zu. Nach einer halben Stunde des stummen Staunens trommelt mir meine noch immer auf den Schultern sitzende Tochter auf den Kopf, zeigt mit ihrem kleinen Arm in Richtung Wasser und ruft: »Boooot«. Genau. Gerade schiebt sich ein riesiger Windjammer an uns vorbei. Damit bezeichnet man Großsegler mit mehreren Masten, deren Körper es auf ca. 60 bis 110 Meter Länge bringen. Sedow, Krusenstern, Gorch Fock oder Mir sind Namen solcher stolzen und eleganten Schiffe, die regelmäßig hier zu Gast sind. Hier und in den schwedischen Städten Karlskrona, Gävle und Halmstad, in Lübeck-Travemünde, in Danzig und Swinemünde in Polen, im dänischen Helsingør sowie in Klaipeda, in Litauen. Das sind in den Sommermonaten die Veranstaltungsorte der sogenannten Baltic Sail, deren Mecklenburger Pendant die Hanse Sail in Rostock ist und die zu den weltweit bedeutendsten Treffen von Museumsschiffen und Traditionsseglern zählen.

Wir erreichen die größte Freifläche des Stadthafens, die Haedgehalbinsel, ein Marineschiff protzt mit seinen Kanonen. Die gut gelaunte Bundeswehr nutzt die romantische Seefahreratmosphäre, sich und ihre Kriegstechnik zu präsentieren. Ein älterer Herr mit dunkelblauer Mütze lässt sich von einem Soldaten die Gerätschaften erklären, vergleicht neueste Daten mit seinen Erinnerungen und verstaut glänzende Imagebroschüren in seinem mitgebrachten Stoffbeutel.

Vor uns sehe ich nun Geisterbahnen und andere famose Fahrgeschäfte. In einem alle anderen überragenden Ungeheuer von Karussell, das an eine amerikanische Ölpumpe erinnert, werden die offenbar Freiwilligen zunächst wie Astronauten festgeschnallt. Dann stöhnt »es« kurz auf und unter atemberaubendem Getöse und Geblinke vollführen die Insassen unentwegt mehrere, schneller werdende Kreisbewegungen gleichzeitig, so als säßen sie auf einer überdimensionalen Fahrradpedale. Sie schreien. Ich verspüre Mitleid, obgleich sie das offenbar wollten. Sie haben dafür sogar angestanden und bezahlt. Wie gebannt verfolge ich für einen Moment ihre Umlaufbahnen. Die Ablenkung war zu lang. Sie ließ mich geradewegs auf ein Kinderkarussell zusteuern. In der nun folgenden Stunde fährt meine Tochter in einem Feuerwehrauto im Kreis. Meine Versuche, sie auf eine dickbauchige, alte Kogge mit braunen Segeln aufmerksam zu machen, scheitern kläglich. Während sie und ihre Mitfahrer Hupen, Glocken und Sirenen ertönen lassen, versucht die hypnotische Stimme eines benachbarten Moderators meinen Willen zu kontrollieren und suggeriert mir, ich müsse an der Tombola teilnehmen, um einen zwei Meter großen, rosa Stoffhund zu gewinnen. Das Kinderkarussell und meine Tochter lassen sich nur mit Mühe und der Zwischenstation Hubschrauber voneinander trennen. Zuckerwatte, Eiscreme oder Gegrilltes als Entschädigung schlägt sie unter Tränen aus.

Doch bald fangen Piraten und andere mittelalterliche Gestalten ihre Aufmerksamkeit. Eine kleine Nachhut der Ende Juli begangenen Wallensteintage in Stralsund. Während dieser feiern die Einwohner der schönen Hansestadt den erfolgreichen Widerstand gegen die Belagerung der kaiserlichen Truppen unter der Führung des berühmten Feldherrn Wallenstein. Wie zu Zeiten des Dreißigjährigen Krieges kreuzen nun alljährlich zwischen Stralsunds Altem Markt und der Hafeninsel Gaukler, Magier, Akrobaten, Handwerker und Krämer auf, auch Pestkranke gibt es zu bestaunen, Kanonenschüsse donnern durch die Altstadt, hier und da kämpfen Musketiere – und ein barockes Feuerwerk lässt das wundervolle Rathaus erstrahlen.

Jetzt böllert es jedoch im Rostocker Stadthafen, was einige Gäste zusammenschrecken lässt. Kanoniere feuern vom anderen Ufer der Warnow. Ein Hobbymatrose, der mit seinem Kumpel von einer Motoryacht aus den Röcken an Land hinterher pfeift, vermutet, dass die Schützen es auf die Shantychöre und andere Interpreten auf unserer Uferseite abgesehen haben. Auf derartigen Festen muss es nun einmal knallen und laut hergehen. Jeder, der sich an diesen Tagen in der Nähe aufhält, soll wissen, dass hier etwas los ist, und so zieht es dank Schiffssirenen, Nebelhörnern und

Kirchenglocken irgendwann selbst die Einheimischen an die Wasserkante, die der Veranstaltung im Vorfeld eher skeptisch gegenüber standen. Spätestens wenn das große Feuerwerk die alten Kähne und das Wasser hell erleuchten lässt, finden auch sie sich ein.

Meine Tochter und ich haben uns nun bis zu den großen Speichergebäuden vorgekämpft. Von hier genießt man eine weitere herrliche Aussicht über das Areal. Die Sonne senkt sich so langsam über dem Wasser und beim Anblick der alten Holzschiffe könnten fast Peter Pan-Phantasien aufkommen, würde ein Rod Stewart Double nicht »I am sailing, I am sailing. Home again 'cross the sea« zum Besten geben. Heißluftballons schweben über den Dächern der Stadt. Aus einem, meine ich, eine große, gelb gefiederte Ente winken zu sehen.

In der Sprache der Seeleute kann einem schwindlig werden. Sie steckt voller Ausnahmen und Abhängigkeiten. Gerade wenn man Luv, Lee und Achtern unterscheiden kann, bringen den Laien Worte wie Gaffelschoner, Rah, Fock und Brigg wieder ins Schwanken. Damit Sie sich ein wenig bei den Schiffstypen orientieren können, im Folgenden eine kleine Hilfestellung:

Galeassen: Sie sind sowohl Segel- als auch Ruderschiffe, ca. 50 Meter lang, die im 16. Jahrhundert gern gebaut wurden. Wenn Sie Mantel- und Degenfilme kennen, in denen die Republik Venedig Krieg führt oder die Spanische Armada gegen die Englische Flotte kämpft, dann wissen Sie, was Galeassen sind.

Windjammer: Die Hanse Sail gilt als eines der größten Windjammertreffen der Welt. Der Begriff leitet sich aus dem englischen »to jam the wind« ab, was zum Ausdruck bringt, dass sich die Schiffe mit ihren Segeln in den Wind drücken. Diese sind viereckig und werden Rahsegel genannt. Heute werden Windjammer oft als Segelschul- oder Kreuzfahrtschiffe eingesetzt. Es sind Tiefwassersegler, deren Bestimmung interkontinentale Reisen über die tiefen Ozeane sind.

Brigg: Die Brigg hat immer nur zwei rahgetakelte Masten.

Vollschiff: Das Vollschiff trägt mindestens drei Masten, die alle rahgetakelt sind.

Bark: Die Bark wies ursprünglich drei Masten auf. Im Laufe der Zeit wurden auch Barken mit vier oder fünf Masten gebaut. Diese werden dann Viermastbark bzw. Fünfmastbark genannt. Barken sind bis auf den letzten Mast rahgetakelt, jener ist schonergetakelt, was den Unterschied zum Vollschiff ausmacht. Schonergetakelt nennt man einen Mast, wenn er nicht mit Rahsegeln ausgerüstet ist, sondern ausschließlich mit Schratsegeln. Diese sitzen typischerweise in Ruhestellung immer längsschiffs.

Kogge: Die Kogge, ein mittelalterlicher Einmaster, ist ein dickbauchiges Handelsschiff, das häufig über seinem Rahsegel einen Ausguck hat und zum Wahrzeichen der Hanse wurde.

Fregatte: Für die Fregatte gibt es mehrere Bedeutungen. Wenn nicht ein kleineres Kriegsschiff gemeint ist, handelt es sich um einen Dreimaster mit Vollschiffstakelage und Kanonendeck.

Schoner: Schoner sind ursprünglich Segelschiffe mit zwei Masten, bei denen der vordere meist kleiner als der hintere ist. Mittlerweile gibt es auch bei Schonern diverse Varianten mit mehreren Masten und unterschiedlicher Takelage. Das Wort Schoner leitet sich aus einem schottischen Dialekt von »to scoon« ab, was so viel bedeutet wie »gleiten«.

Hiorten: Bei einem Hiorten handelt es sich um einen schwedischen Postsegler, einen Zweimast-Toppsegelschoner, der um 1700 zwischen Stralsund und der südschwedischen Hafenstadt Ystad verkehrte.

An diese Post-Route, die das damalige Schwedisch-Pommern mit dem skandinavischen Mutterland verband, erinnert heute die im Rahmen der Hanse Sail stattfindende Hiorten-Regatta. Im Unterschied zu Veranstaltungen wie der Kieler Woche finden in Rostock keine Regatten in den olympischen Bootsklassen statt, da der Schwerpunkt auf die Traditionssegler gesetzt wird.

LEBENSRETTER LOTTE –
SPORT UND FREIZEIT

Wenn meine Labradorhündin Lotte mich im Auto begleitet, dann sitzt sie im Kofferraum meines Kombis. Sie genießt die Fahrt, obgleich sie so manches Mal Schwierigkeiten beim Hineinspringen hat. Vor lauter Ungeduld und wohl auch mangels Schläue hüpft sie gegen die noch geschlossene schwarze Heckklappe. Selbst ein unsafter Aufprall kann ihrer Fahrfreude nichts anhaben. Sie schaut immer nur still aus dem Fenster. Es sei denn, wir fahren zum Strand. Hört sie das Meer rauschen und schnuppert die salzige Luft, ist sie wie ausgewechselt. Unruhig durchmisst sie den Raum, hüpft umher und fleht um Auslass. Stapfen wir dann wenig später über die Dünen, gibt es für sie kein Halten mehr. Sie rennt wie ein wilder Bock durch den Sand und stürzt sich in die Fluten. Windstille 20°C oder stürmische 2°C, das Wetter spielt für sie keine Rolle, Hauptsache, sie kann schwimmen.

Mecklenburg-Vorpommern ist ideal für Sportlerinnen und Sportler jedweder Art. Die Hingabe für eine Disziplin nimmt ja im Allgemeinen zu, wenn die Sportart nicht ständig ausgeübt werden kann, zum Beispiel weil kein Schnee liegt, kein Wind weht, der Berg oder das Meer fehlt. Jogger geraten seltener ins Schwärmen als Wellenreiter oder

Segler. Passen die Rahmenbedingungen, ist keine Zeit, weil Arbeit und Familie ihr Recht fordern. Vor allem männliche Sportler sind dann meist sehr unentspannt und können sich nicht konzentrieren. Zwei Freunde, mit denen ich vor einiger Zeit in einem Büro zusammenarbeitete, sind begeisterte Sportler. Der eine spielt Golf, der andere liebt es, im Wind zu surfen. Von März bis Oktober verlor sich ihr Blick regelmäßig in den Blättern des Baumes, der vor unserem Fenster stand. War es ein schöner, milder Tag, rutschte der Golfer auf seinem Bürostuhl hin und her. Blies ein ordentlicher Wind aus Südwest, sprang der Surfer alle zwei Minuten auf und umrundete nervös seinen Tisch. Für ihn konnte es nichts Schöneres geben als die Vorhersage, zum Wochenende sei mit »einer Sechs« oder »einer Sieben« zu rechnen. Gemeint ist die Windstärke. Liegt sie zwischen fünf und acht, ist man auf der Ostsee sehr gut unterwegs, vorausgesetzt, es ist nicht zu böig. Meistens weht es aus West. Kommt der Wind aus Nordwest, ist Rostock-Warnemünde ein gutes Revier, bei Südwest sollte man beispielsweise Kägsdorf bei Kühlungsborn vorziehen. Anfänger, denen oft auch ein laueres Lüftchen genügt, finden im flachen Wasser des Salzhaffs in der Wismarer Bucht, im Saaler Bodden bei Ribnitz-Damgarten, im Stehrevier Suhrendorf vor der Insel Ummanz, auf Rügen rund um den Greifswalder Bodden, zum Beispiel in Thiessow oder Grabow, sowie bei Ückeritz und Lutow im Achterwasser auf Usedom geeignete Spots, wie die Einstiegspunkte genannt werden. Auch das Binnenland bietet Surfstationen, beispielsweise an der Müritz oder am Plauer See. Um eventuell einen kurzfristigen Surfausflug am Wochenende zu planen, geben Internetseiten wie www.windfinder.de zuverlässige Antwort auf die alles entscheidenden Fragen: Aus welcher Richtung weht es? Wann und mit welcher Stärke? Die Vorhersagen sind für die jeweils nächsten drei Tage erstaunlich präzise.

Für Könner einer Sportart gelten natürlich grundsätzlich besondere Regeln. Sie verstehen unter »gutem Wetter« oft etwas anderes als der Durchschnitt. Deshalb können Sie auch im Januar Kite- und Windsurfer auf der Ostsee beobachten, selbst wenn es so stürmt, dass Sie Angst um Ihre Mütze und Ihre Dachpfannen haben.

Mit dem Golfen hat das Windsurfen zwei Dinge gemeinsam. Zum einen spielt das Wetter eine große Rolle, und zum anderen konnte es zu Zeiten der DDR praktisch nicht ausgeübt werden. Das eine galt als zu elitär, beim anderen bestand Fluchtgefahr. Seit die Bedenkenträger abtreten mussten, wurde eine ganze Reihe von modernen, landschaftlich reizvoll gelegenen Golfplätzen in Mecklenburg-Vorpommern eröffnet. Deren Kurse sind sportlich und vor allem für junge Spieler eine Herausforderung. Die Unterkünfte besitzen einen hohen Standard; wenn Sie mehr als ein Mittelklassehotel suchen, können Sie auch im Schloss oder Gutshaus residieren. Bereits jetzt reisen in Deutschland, nach Bayern, die meisten Golfurlauber in den Nordosten.

Meine ersten und fast einzigen Versuche am 7er- und 9er-Eisen liegen ein paar Jahre zurück und hatten eine anarchistische Komponente. Ausgestattet mit zwei Schlägern und einer Handvoll Bällen ging ich ab und an mit zwei Freunden in einen städtischen Park, um den Hund auszuführen und Golf zu spielen. Der zu spielende Kurs wurde spontan bestimmt. Wegweiser, frei stehende Bäume oder leere Sitzbänke ersetzten die Löcher 1 bis 18. Etikette? Für Snobs! Platzreife? Fehlanzeige! Lotte liebte die

Bälle und fieberte jedem Abschlag ungeduldig entgegen. Sobald das satte »Flop« ertönte und die weiße Kugel flog, flitzte sie ihr hinterher. Wenn sie sie fand, was nicht immer der Fall war, stolzierte sie wie ein Dressurpferd und zeigte allen ihren Fund. Wurde der nächste Ball abgeschlagen, ließ sie ihren irgendwo fallen und machte sich auf die Jagd nach dem neuen. Irgendwann blieb nur noch einer übrig und wir gaben die Unterholzvariante mangels Spielgerät auf. Manchmal triumphiert eben tierische Ungeduld und Schusseligkeit sogar über jugendlichen Leichtsinn. Ahnungslose Kastaniensammler und Nordic Walker, die wir eventuell doch übersehen, dafür aber getroffen hätten, werden es Lotte danken.

Radwanderer: Mecklenburg-Vorpommern ist das beliebteste Reiseziel für Radler. Jeder Dritte ist hier im Urlaub auf zwei Rädern unterwegs. Die Gründe dafür liegen auf der Hand. Das Routennetz ist sehr gut ausgebaut und führt durch herrliche Natur. Höhenmeter sind ja bekanntlich nicht sehr viele zu befürchten, so dass auch Untrainierte und Kinder auf ihren Fahrspaß kommen. Abenteuerlustige können bei größeren Touren auf dem Campingplatz oder in einem Heuhotel übernachten.

Paddler: Als ein Land mit über 2 000 Seen ist Mecklenburg-Vorpommern durchzogen von Wasserstraßen. Mit dem Kanu oder Kajak können Sie in Begleitung vieler gefiederter Freunde wochenlang durch die fast 300 Naturschutzgebiete paddeln. Professionelle Organisatoren bieten Ihnen Boote, Ausrüstung, Gepäcktransporte, Abholung, Kartenmaterial und Schlafplätze mit Lagerfeuerromantik an. Wer beim Paddeln den Volksfestcharakter vermisst, der kommt als Aktiver oder Schaulustiger bei den vielen Drachenbootrennen im Land auf seine Kosten.

Wanderer (zu Fuß): Klingt unmodern, mühselig und langweilig, erfreut sich aber wachsender Beliebtheit. Wandern, also ganz ohne Pedale, ohne Motor, nur die Beine. Mehr als zwei Millionen Wanderer kommen jährlich nach Mecklenburg-Vorpommern. Beliebte Ziele sind Usedom, die Mecklenburger Schweiz, die Ostseeküste bei Kühlungsborn und Heiligendamm, die Halbinsel Fischland-Darß-Zingst sowie ganz besonders der Hochuferweg über die Kreidefelsen von Rügen.

Wasserwanderer mit oder ohne Führerschein: Wer sich nicht so viel bewegen möchte, der kann auf einer Motoryacht oder einem Hausboot auf dem Wasser quer durch das Land reisen und zum Übernachten gleich an Bord bleiben. Selbst Abstecher nach Berlin sind möglich. Wer keinen Sportbootführerschein besitzt, der lässt sich von einem Bootsvermieter eine Charterbescheinigung ausstellen. Mit dieser Ausnahmegenehmigung dürfen Sie ein bis zu 15 Meter langes Haus- oder Sportboot auf bestimmten Wasserstraßen steuern. Zulässige Höchstgeschwindigkeit ist 12 km/h. Die Mindesteinweisungszeit beträgt 3 Stunden. Erstaunlicherweise passieren kaum Unfälle – und wenn, dann sind es nur Bagatelleschäden, gegen die Sie sich allerdings versichern müssen.

Schwimmer: Wenn Sie im nassen Element gern Ihre Bahnen ziehen und nicht länger allein schwimmen möchten, dann melden Sie sich doch mal beim Sundschwimmen an. Alljährlich stürzen sich am ersten Juli-Sonnabend 1000 Teilnehmer in den Strelasund, um von Altefähr (Insel Rügen) nach Stralsund (Festland) zu schwimmen. Zarte Anfänge des Wettkampfes gab es angeblich schon 1825, damals waren es jedoch nur zwei preußische Offiziere und ein Zivilist, welche die 2,3 Kilometer zurücklegten. Danach gab es sporadisch Wiederholungen. Seit den 1920er-Jahren findet die Veranstaltung regelmäßig statt. Parallel zum Ufer können auch Ihre Kleinen beim Kindersundschwimmen starten.

SIEBEN TYPEN BLAUWEISS –
WURST UND SPIELE

Sind Sie Fußballfan? Nein? Macht nichts, der Besuch eines Spiels des FC Hansa Rostock kann auch so sehr unterhaltsam sein. Wenn es nicht die spielerische Klasse ist, die Sie überzeugt, so können Sie sich doch von den Fans im Stadion oder in einer Public Viewing-Kneipe mitreißen lassen. Da die Hansestadt Rostock sieben Tore, sieben Brücken, sieben vom Markt ausgehende Hauptstraßen, sieben Türme und sieben Rathaustüren, sieben Portale an der Marienkirche, sieben Linden im Rosengarten und sieben Glocken an den Uhrwerken hatte und teilweise auch noch hat, bezeichnet sie sich selbst gern als Stadt eben dieser magischen Ziffer. In den 1950er-Jahren, als die Spieler noch Heinz, Rudi, Harry, Siegfried, Willy und Helmut hießen, wurde in Rostock mit dem SC Empor der oberklassige Fußballsport angesiedelt. Wie später noch zu berichten sein wird, erinnerte die Art und Weise eher an den Stil einer Regimentsverlegung denn an die Gründung eines Fußballclubs.

Die sich dennoch entwickelnde Fankultur brachte über die Jahrzehnte verschiedene Charaktere hervor, und wie es sich für Rostock gehört, sind es genau sieben. Sieben Typen Fan, die dem Fußballclub die Treue halten, der seit den 1960ern FC Hansa heißt und die Vereinsfarben blau und weiß trägt.

Typ 1: Dein neuer Freund. Im Stadion steht oder sitzt er meistens vor Ihnen, kommentiert jede noch so banale Äußerung, die Sie nicht an ihn oder andere Fremde, sondern eigentlich an Ihre Begleiter gerichtet hatten. Er bezieht Sie ein, macht Sie auf ungerechte Schiedsrichterentscheidungen aufmerksam, klärt Sie ungefragt über geplante Regeländerungen und Transfergerüchte auf. Fällt ein Tor, dann klatscht er erst mit Ihnen ab, bevor er auch seine Frau umarmt.

Unter Umständen kann es Ihnen mit Typ 1 so ergehen wie mir am 29. Mai 1999, dem letzten und alles entscheidenden Spieltag der Saison. Der Himmel lag strahlend blau über Mecklenburg-Vorpommern, weiße Quellwolken formten das Vereinssymbol und jeder war auf den Beinen, um das Alles-oder-Nichts-Spiel beim VfL Bochum am Fernsehgerät oder vor dem Radio zu verfolgen. Hansa musste gewinnen, um nicht abzusteigen. Doch eine Viertelstunde vor Schluss lag die Mannschaft 1:2 hinten. 2. Liga. Kaum einer glaubte noch an eine Wende. Doch dann folgten dramatische 15 Minuten. Hansa warf alles nach vorn, erzielte tatsächlich den Ausgleich und kurz darauf, Minuten vor dem Abpfiff, den Siegtreffer. Ich verfolgte die Partie in einer Kneipe, die Spannung war mit Händen zu greifen ... und als das Führungstor fiel, entlud sich alles. Einer meiner ehemaligen Professoren saß während der TV-Übertragung vor mir und hatte meine Kumpels und mich unaufgefordert mit fachkundigen Kommentaren versorgt. Nun aber drückte er mich und meinen Kopf mit aller Kraft gegen seine breite Akademikerbrust. Er durchwuschelte mein Haar und brüllte mir etwas mit vielen A-Lauten ins Ohr. Ich schrie, so gut es angesichts der Umstände eben ging, etwas in sein Sakko zurück. Neben uns brach ein Tisch zusammen, auf dem mehrere wahrscheinlich miteinander befreundete Männer lagen. Unter seinem linken Arm hindurch suchte ich den Blick meiner eigentlichen Begleiter, sah aber nur, dass alle Gäste des Lokals wie irre auf und ab hüpften. In Mecklenburg-Vorpommern wurde der Sieg wie eine Befreiung von den ernüchternden Nachwendejahren gefeiert. Ein Hauch von 1954 lag in der Luft, als die junge BRD den WM-Titel gewann und sich parallel zum Wirtschaftswunderland aufstemmte. Nicht einmal der Fall der Mauer hatte unseren Wirt dazu bewogen, eine Freibierrunde auszurufen, aber Hansa schaffte es. Die Bande zu »meinem neuen Freund«, dem herzigen Professor, hat den Tag nicht überdauert, doch wurde spätestens an diesem 29. Mai aus mir ein Hansa-Optimist, Fall 2 in unserer Typologie.

Typ 2: Der Optimist. Dass der Klassenerhalt 1999 vor allem in Mecklenburg-Vorpommern keinen Boom auslöste, wird nicht überraschen, wenn man die Menschen hier kennt. Und dennoch hielt die Begeisterung im Lande lange an. Die Radiomoderation mit den dramatischen Schlussminuten von Bochum wurde auf CD gepresst und belegte zwei Wochen lang Platz 1 der CD-Verkaufscharts in Mecklenburg-Vorpommern, noch vor den Backstreet Boys. Weiterhin laufen die Bilder des dramatischen Spiels in einer Endlosschleife in der Kartenvorverkaufsstelle des FC Hansa und werden auch vor einem Punktspiel zur Einstimmung auf der Stadionanzeigetafel gezeigt. Der wahre Fan wird ihrer niemals überdrüssig. Vielmehr schöpft er, und hier vor allen anderen der Optimist, daraus die Kraft, sämtliche Niederlagen der Vergangenheit auszublenden. Das Gewinnen des anstehenden Spiels ist eine Frage der Wahrscheinlichkeit, geradezu eine mathematische Notwendigkeit, da Sieg, Niederlage und Unentschieden sich über einen längeren Zeitraum, zum Beispiel eine Saison, annähernd gleich verteilen müssten. Das Pendant des Optimisten, der Fantyp 3, hat zwar nicht mehr vom Spiel, aber leider häufiger Recht.

Typ 3: Der Pessimist. Wenn Sie diesen Typ Fan auf der Tribüne oder in der Kneipe als einzigen Nachbarn haben, können Sie auch gleich zu Hause bleiben oder an den Strand fahren. Der Pessimist behauptet von sich, den Tatsachen realistisch ins Auge zu blicken. Aus Sicht dieses »Fans« geht eine Partie immer und unabhängig vom aktuellen Spielstand verloren. Er zweifelt selbst nach gemeinsam bejubelten Toren. Gerade in dem Augenblick höchsten kollektiven Glücks, da ein unhaltbarer Schuss die gegnerische Torlinie passiert hat, Wärme Ihren Körper durchströmt und Sie sich vor Ihrer inneren Leinwand den Knaller noch einmal und noch einmal anschauen, verdirbt Ihnen der Pessimist den betörenden Rausch mit dem Kommentar: »Abwarten!! Noch ist das Spiel nicht vorbei.« Ihre ganze Euphorie verpufft von einer Sekunde auf die nächste, selbst das mühsam erstandene Siegbier und die Bratwurst wollen nicht mehr so recht schmecken. Deshalb halten Sie sich fern von ihm, möglichst auch im realen Leben!

Typ 4: VIP. Heute sitzen die »sehr bedeutenden Leute«, die VIPs, auf der West-Tribüne des Stadions. Es gibt Speisen und Getränke, mehr als man konsumieren sollte. Bei unwirtlichem Wetter oder wichtigen Gesprächen bleibt man abgeschirmt hinter einer Glasfront im Warmen. Monitore säumen den Gang zur Toilette. Man grüßt sich, scherzt, erhascht beiläufig Blicke auf verletzte Spieler, klopft ihnen am Buffet vielleicht noch aufmunternd auf die Schulter. Kurz, wenn die Besucher Hüte trügen, könnten Sie annehmen, sich in einer Lounge an der Doberaner Pferderennbahn zu befinden. Sport ist Nebensache, fühlt sich aber gut an. Für echte Begeisterung sind jedoch die Sitze zu weich und die eigene Bedeutsamkeit wiegt ebenso schwer wie der Krustenbraten, den man zusammen mit Klöpschen und Forellenhäppchen am Stehtisch verschlungen hat.

Wo heute Vertreter aus Wirtschaft und Politik speisen, nahm einst die Partei- und Gewerkschaftsführung Platz. Der Nomenklatura hat man es eigentlich zu verdanken, dass in Mecklenburg-Vorpommern seit Jahrzehnten erst- oder zweitklassiger Fußball gespielt wird. In Rostock lagen nach dem Zweiten Weltkrieg große Teile der Infrastruktur in Trümmern. Der historische Kern war in den Vierzigern von der britischen Luftwaffe zerstört worden, ebenso hatte es die Industrieanlagen, wie die Heinkel Flugzeugwerke und die Werften, getroffen. Nach Kriegsende begann unter sowjetischer Besatzung der Wiederaufbau. Die Stadt sollte das Schiffbau- und Schifffahrtszentrum der jungen DDR werden, das sogenannte »Tor zur Welt«. Der Zuzug an Heimkehrern, Vertriebenen und Arbeitern aus den südlichen Bezirken ließ die Einwohnerzahl nach 1945 schnell wieder anwachsen. Zahlreiche Kräfte wurden geholt, um den für das Land bedeutungsvollen Überseehafen zu errichten. Rostock bot viel Arbeit, jedoch wenig Wohnraum, litt unter Versorgungsengpässen und konnte kaum kulturelle Abwechslung bieten. Im Juni 1953 flammten in der gesamten DDR Streiks auf. Die Bevölkerung war unzufrieden mit der wirtschaftlichen Lage und der politischen Führung. In der Hansestadt brachen die Unruhen vor allem unter den Hafen-, Werft- und Bauarbeitern aus. Doch die Proteste wurden mit aller Härte niedergeschlagen. Was blieb war die Unzufriedenheit und die schlechte Versorgungssituation. Vor spannungsgeladenem Hintergrund wussten Machthaber in der Geschichte das Volk schon oft mit Spielen zu besänftigen. So hielten es die Römer – und vielleicht hatten Derartiges die SED-Oberen auch im Sinn, als sie überlegten, ob und wie man in Rostock möglichst schnell einen erstklassigen Fußballverein installieren könnte. Im Norden gab es keine Mannschaft, die in der ersten Liga spielte. Die guten kickten vor allem in Sachsen. Da drängte sich den Partei-VIPs der Gedanke auf, einen Verein aus dem Süden an die Ostsee zu »delegieren».

In Lauter, einer 8 000-Seelen-Ortschaft im Erzgebirge, gab es ein Team, das für solch ein Vorhaben prädestiniert war. Der SC Empor Lauter spielte als Spitzenreiter der DDR-Oberliga auf einem Ascheplatz im Nachbarort Schwarzenberg. So erfolgreich der kleine Verein sich schlug, so perspektivlos war er auch. Niemals würde er es schaffen, eine größere Anhängerschaft anzuziehen. Den Spielern und deren Frauen wurde im Herbst 1954, während einer Reise im Nobel-Bus, die Region um Rostock gezeigt und ein bevorstehender Umzug schmackhaft gemacht. Zur reizvollen Landschaft sollte es Wohnungen geben, das doppelte Gehalt und kostenlose Urlaubsplätze. 15 Lauterer sagten zu. Bei Nacht und Nebel schickte sich ein ganzer Sportverein an, Richtung Küste zu ziehen.

Natürlich hatte sich das Vorhaben bald in dem kleinen Ort herumgesprochen. Wütende Anhänger besetzten den

Bahnhof, woraufhin ein paar Spieler noch in letzter Sekunde absprangen. Trotzdem erhielt Rostock binnen weniger Tage einen Erstligisten, der bei der Premiere gegen Chemie Karl-Marx-Stadt schon von 18 000 Menschen angefeuert wurde.

Man spielte auf dem Gelände von Hitlers ehemaligem Exerzierplatz. Dort hatte das Nationale Aufbauwerk mit 236 000 freiwilligen und vor allem unentgeltlich geleisteten Stunden dafür gesorgt, dass im Norden eine der schönsten Arenen der DDR entstand, das Ostseestadion. Das Team des SC Empor Rostock spielte eine gute Saison und wurde trotz gnadenloser Pfeifkonzerte bei Auswärtsauftritten 1955 sogar Vizemeister.

Der Kunstverein der 50er-Jahre entwickelte sich in den 60ern weiter zu einem Spitzenteam, jedoch nur mit der Lizenz zum Zweitplatzierten. Der nun auf den Namen »Hansa« hörende Club wurde mehrfach Vizemeister und Pokalfinalist, schaffte es aber nicht auf das oberste Treppchen. In dieser Zeit war Gerhard Gläser der Trainer der glücklosen Mannschaft, weshalb man sie als »11 Flaschen und Gläser« verhöhnte. In den 70er-Jahren folgte der Niedergang, bis man sich in den 80ern endgültig zu einer Fahrstuhlmannschaft zwischen erster und zweiter Liga heruntergearbeitet hatte. Nur 1991 schaffte der Verein, womit niemand mehr gerechnet hatte, wurde Meister und Pokalsieger auf dem Gebiet der ehemaligen DDR. In den neuen Bundesländern hatte der Nordostdeutsche Fussballverband übergangsweise den Spielbetrieb der DDR-Liga übernommen. Damit qualifizierten sich die Hanseaten direkt für die 1. Bundesliga. Aus den Jahrzehnten vor diesem bislang einmaligen Triumph zieht der Pessimist sein bestes Futter. Auch der nicht unähnliche folgende Typ hatte hier eine gute Zeit.

Typ 5: Der Schimpfer. Je schlechter das Spiel, desto größer seine Auftritte. Über die Köpfe der angesichts eines Gegentreffers frustriert zusammengesackten Zuschauer regt er sich über den Schiedsrichter, die Hanseaten, das Wetter, den Platz, den Vorstand oder die foulenden Gegenspieler auf. Phantastische Schimpfwörter werden salvenartig hervorgebracht und von den Übrigen im Block kommentiert. Auch grammatikalisch geht Typ 5 oft an die Schmerzgrenze. Die ganze Last des Alltags, seiner Existenz keift er lauthals beim Fußball aus sich heraus. Ist die Partie und somit die allgemeine Stimmung gut, ist seine Zeit vorbei. Als ich in den 80ern als 10-Jähriger meine ersten Spiele gesehen habe, waren es die ewig wetternden Erwachsenen, die mich am stärksten beeindruckten. Die Generation meiner Eltern und Lehrer gab hier vor aller Augen und Ohren die tollsten Flüche von sich. Diejenigen, die mir sonst das böse Sch-Wort verboten, riefen nun »Bodo Eierkopp«, »Heun, Heun, der Schwule mit der 9« oder »Rainer, Du Arschloch«. Fassungslos sah ich Jahre vor der Wende, dass das Publikum die vom Stadionsprecher salbungsvoll begrüßte Partei- und Gewerkschaftsführung immer wieder erbarmungslos auspfiff und diese die Verwünschungen beharrlich ignorierte.

Unvergessen sind die Hilflosigkeit, Wut und die Verzweiflung, die sich bei Duellen mit dem BFC Dynamo ausbreiteten. Der Verein war das begünstigte Lieblingskind von Stasi-Boss Erich Mielke und der verhassteste Sportclub der DDR. Selbst in der eigenen Stadt, Berlin, gingen die Zuschauer lieber zum spielschwächeren 1. FC Union. Unberechtigte Elfmeter, Abseitstore, aberkannte Treffer des Gegners, das Delegieren der besten Spieler anderer Vereine zum BFC – die Liste der Schiebungen war lang. Die Erfahrungen des vom Ministerium für Staatssicherheit angeordneten Betrugs veranlassen selbst heute noch einige Rostocker Zuschauer, hinter Niederlagen und vermeintlichen Fehlentscheidungen höhere Mächte zu wähnen. Dann hallen »Fußballmafia DFB«-Rufe durch das Rund. Bei Liveberichterstattungen zürnt der Fan: Die Moderatoren scheinen häufig eher mit dem Gegner zu sympathisieren, statt um eine neutrale Berichterstattung bemüht zu sein. Das sensible Hansaherz spürt das natürlich sofort, wittert Verrat und schimpft sich spätestens beim kommenden Heimspiel die ach so unterdrückte Seele vom Leib.

Typ 6: Der Schlachtenbummler. Ungeachtet des Spielausgangs grölt der Typ »Schlachtenbummler« nach der Partie ein kehliges »Schalala-lala-lalala«. Dabei hat er passend zum freien Oberkörper zwei bis drei Hansa-Schals an sein linkes Handgelenk gebunden und ein Plastikbecher-Pils in der rechten Hand. Alle Gliedmaßen sind von sich gestreckt, ähnlich Leonardo da Vincis »Vitruvianischen Menschen«. Die Innenseiten seiner Beine zeigen nach vorn, die Füße tasten sich wie durch kaltes Wasser, seinen Kopf streckt er in die Richtung, in die er sich bewegen möchte. Die Geschwindigkeit ist meist gemessen. Promillebedingt gerät dieser Fan-Typ auch mal vollends ins Stocken. Dann erspäht er aber auf der anderen Straßenseiten noch weitere Schlachtenbummler-Kumpel, denen er mit einem aufflammenden »Schalala-lala-lalala« seine innige Liebe zum FC Hansa versichert und die er überdies zu einem Sturzbier auffordert.

Zugegeben, es geht nicht immer so launig beschwipst zu, wie es Bier und Gesang glauben machen. Leider führte diese Kombination in der Vergangenheit in aufgeheizter Derby-Atmosphäre zu Gewalttätigkeiten. Insbesondere die ersten Jahre nach der Wende waren begleitet von massiven Ausschreitungen. Beim einzigen beständig im Profifußball verbliebenen Ostverein traf sich die norddeutsche Hooliganszene am Wochenende. Gruppierungen aus dem Umland, Berlin, Hamburg und Hannover nutzten Bundesligaspiele, um sich gegenseitig zu bekriegen oder mit der Polizei Straßenkämpfe auszutragen. Eine widerliche Randerscheinung, die mit den Jahren in ihrer Häufigkeit abnahm, aber bei bestimmten Aufeinandertreffen leider umso zorniger wieder aufzieht. Die Feindbilder heißen Cottbus und St. Pauli. Lohnt es sich zu erläutern, warum und seit wann? Eigentlich nicht. Man bekämpft sich, weil man sich im Grunde sehr ähnlich ist, es aber um vermeintliche Vorherrschaften in irgendwelchen Himmelsrichtungen geht. Der ganz normale Wahnsinn, den die menschliche Spezies seit Jahrtausenden auf unterschiedlichen Schauplätzen betreibt. Nach einem Chaosspiel gegen St. Pauli wurde Hansa vom DFB wegen abgefeuerter Raketen zu einem Strafspiel auf fremdem Platz verdonnert – eine bizarre Strafe, denn der Club mietete daraufhin das Berliner Olympiastadion und hatte mit 58 000 mehr als doppelt so viele Zuschauer wie im heimischen Ostseestadion. Die DFB-Auflage war so »abschreckend«, dass die Vereinsführung bei nächster witterungsbedingter Gelegenheit sich nochmals geißelte und ein weiteres Heimspiel in der Hauptstadt mit ähnlicher Besucherresonanz austrug.

Typ 7: Du und ich. Trotz gewalttätiger Begleiterscheinungen ist Hansa als ostdeutscher Underdog über die Grenzen von Mecklenburg-Vorpommern hinaus beliebt. Das

mag auch daran liegen, dass der weitaus größte Teil der
Anhänger einfach sportbegeisterte Typen sind. Du und
ich, ganz normale Menschen, die am Wochenende mit
Freunden beim Bier Fußball gucken wollen oder sich mit
ihren Kindern in den Familienblock setzen. Jung und Alt,
die sich für Hansa auch aus praktischen Gesichtspunkten interessieren müssen, da es das Schicksal nun mal so
wollte, dass sie in Rostock und nicht in Barcelona, München, Turin oder Manchester wohnen oder geboren wurden. Typ 7 fiebert mit und diskutiert am Freitag mit seinen Nachbarn, wie sie wohl spielen werden, er bejubelt
Siege und leidet bei Niederlagen. Schließlich muss er es
montags oft ertragen, im Büro von Pessimisten oder Fußballanalphabeten mit den Worten »Na, ham se wieder verloren? War ja klar« begrüßt zu werden. Dann träumt er
heimlich davon, wie es sich wohl anfühlen würde, in diesem Augenblick wie Typ 6 zu sein.

SPIELEN SIE »FINDE DIE KOGGE«

Journalisten und Reporter sind immer sehr dankbar über
Bilder, die sich in ihren Bericht einbauen lassen. Dagegen ist grundsätzlich nichts zu sagen, nur ist Fußball eine
Sache, über die sehr regelmäßig geschrieben und gesprochen wird. Die Nähe zur Ostsee und die Kogge als Vereinslogo des FC Hansa lässt die Zunft deshalb allwöchentlich in die maritime Trickkiste greifen. Wenn Sie an
ihren Urlaub in Mecklenburg-Vorpommern denken und
wieder das Rauschen des Meeres hören wollen, dann kaufen Sie sich einfach eine Zeitung, schauen die Bundes-

liga im Fernsehen oder lesen Sie einen Bericht im Internet ... und zählen Sie die metaphorischen Leckerbissen bei der Auswertung des Hansa-Spiels. Achten Sie unter anderem auf folgende Wendungen der sportlichen Seemannssprache:

- Leinen los
- Segel setzen
- alle Mann an Deck
- auf Kurs
- Schieflage
- unruhiges Fahrwasser
- ruhiges Gewässer
- gut stehender Wind
- dicht halten
- vom Kurs abkommen
- Kommando übernehmen
- steife Brise
- kentern
- untergehen
- absaufen
- Orkan
- sicherer Hafen
- tiefer sinken
- flott machen
- klar zur Wende
- Klippe umschiffen

Warnung: Ist der journalistische Einfallsreichtum erst einmal aufgefallen, ergeht es einem leicht so wie beim Hören eines alten Schlagers: Man bekommt ihn einfach nicht mehr aus dem Kopf.

Noch vor dem Fall der Mauer traf Hansa auf Schalke 04 und gewann 2:1. Da es gegen den bitterbösen Klassenfeind (BBKF) ging, durfte die Partie nicht Freundschaftsspiel genannt werden, sondern hieß »Internationaler Fußballvergleichskampf«. Ein anderes Duell mit einem Gegner aus dem »kapitalistischen Feindesland« nutzte der Stürmer Axel Kruse im Sommer 1989 zur Republikflucht und sicherte Hansa damit nach der Wende unbeabsichtigt das Überleben. Denn Hertha BSC, zu dem er noch zu DDR-Zeiten wechselte, musste für den Rostocker nachträglich eine Ablösesumme zahlen, die Hansa in finanziell schwierigen Zeiten half, die eigene Mannschaft zusammenzuhalten.

ZUM SCHLUSS:
DAS WETTER!

Rostock, Stadtteil Lichtenhagen, ein langgestreckter Wohnblock, zehnter Stock. Oben angekommen, wird einem klar, warum der Meteorologe Dr. Reiner Tiesel in der Platte wohnt: Der Blick geht weit über die Küste, über das Ostseebad Warnemünde und schließlich den blauen Streifen des Meeres hinweg. Dr. Tiesel, geboren 1942, beobachtet das Wetter über Mecklenburg und Vorpommern schon seit mehr als 40 Jahren. Wer die meteorologischen Kapriolen dieser Gegend für langweilig hält, sollte sich seine gesammelten Geschichten erzählen lassen.

Herr Dr. Tiesel, wenn man nach Mecklenburg-Vorpommern reist – welche Kleidung sollte man dabei haben?
Dr. Reiner Tiesel: Auf jeden Fall etwas Wetterfestes! Denn das Wetter ist recht veränderlich. Allerdings hat sich das im Laufe der Jahre und durch den Klimawandel verändert. Früher sagten wir: Jeden zweiten Tag regnet es. Jetzt haben wir viel mehr stabile Hochdruckgebiete, die von Süden her kommen. Im Schnitt zählen wir inzwischen rund 15 Regentage im Jahr weniger. Das schließt aber nicht aus, dass man sich immer gegen Regen und Kühle schützen sollte. Denn die gefühlte Temperatur ist oft eine ganz andere als die tatsächliche. Das liegt an der hohen Luft-

feuchtigkeit und dem Wind von See. Das empfindet mancher regelrecht als kalt.

Mal davon abgesehen ist doch in Sachen Wetter Mecklenburg-Vorpommern das sicherste Land der Welt: Schwere Unwetterkatastrophen kennen wir hier nur aus dem Fernsehen. Keine Temperaturextreme – im Sommer wird es manchmal nicht so richtig heiß, im Winter aber auch meistens nicht so kalt. Erdbeben gibt es nicht. Auch keine Flüsse, die über die Ufer treten könnten. Die Ostsee ist ein gemächliches Meer, zu flach für Flutwellen. Wenn überall das Wetter schlecht ist, sollte man nach Mecklenburg-Vorpommern ziehen. Oder?

Dr. Reiner Tiesel: Na ja, ganz so harmlos geht es hier nun aber auch nicht zu. Es gibt zum Beispiel gefährliche Seenebel und schwere Zyklone. Auf See haben wir Berge aus Wasser. Oder der berüchtigte 13. November. An diesem Tag will hier kein Meteorologe Dienst haben.

Was ist an diesem Tag so schlimm?
Dr. Reiner Tiesel: Im November gibt es oft schwere Stürme und Unwetter. Am 13. November 1872 fand die bislang schlimmste Sturmflut an der Küste von Mecklenburg und Vorpommern, überhaupt an der Ostseeküste statt. Da verschwanden ganze Landstriche unter Wasser. In Warnemünde zum Beispiel wurden annähernd drei Meter über normal Null gemessen, die Stadt stand komplett unter Wasser. Fast 300 Menschen kamen um. Und dann: Genau 100 Jahre später, am 13. November 1972, gab es den schwersten Orkan, der je an der mecklenburgischen Ostseeküste gemessen wurde: Windstärke 15. Da hat es die Menschen von der Promenade geweht. Zu dieser Zeit des Jahres sollte man sich also

generell in Acht nehmen. Im November 1994 rief mich der Pastor der Petrikirche in Rostock an. Der Turm seiner Kirche war 1942 zerstört worden. Jetzt sollte die neue kupferne Turmhaube aufgesetzt werden. 117 Meter hoch. Ich sagte: »Um Gottes Willen!« Denn ich hatte auf der Wetterkarte gesehen, dass schon wieder ein schwerer Sturm im Anmarsch war. Die Turmbauer machten die Nächte durch und setzten die Turmhaube auf. Am 13. November installierten sie den goldenen Wetterhahn. Kurz danach brach das Unwetter los. Hinterher habe ich mich mit dem Pastor geeinigt: Den unteren Teil des Himmels, die Wetteratmosphäre, überlässt er künftig uns Meteorologen.

Warum gibt es denn gerade am Ende des Jahres solche schweren Stürme?

Dr. Reiner Tiesel: In dieser Zeit entstehen besonders über der Ostsee gefährliche Tiefdruckgebiete. Voraussetzung ist eiskalte Luft aus dem Osten, aus dem Inneren von Russland zum Beispiel, die dann über das noch nicht zugefrorene, also vergleichsweise warme Meer rast. Dabei bauen sich Zyklonen auf, kreisende Tiefdruckgebiete, die wie riesige Wirbel übers Wasser und dann auch über das Land fegen. Einmal habe ich acht Stück hintereinander beobachtet. Wenn sie aus Nordost kommen, haben sie sehr viel Platz, um über der See richtig Fahrt aufzunehmen. Das kann verheerend sein. Schneesturm, Sturmflut. Ich habe sie »Ostsee-Zyklone« genannt, weil dieses Phänomen vorher nicht bekannt war. Manche Kollegen nennen sie deswegen auch »Tiesel-Zyklone«. Im Scherz, versteht sich.

Lassen Sie uns bitte mal von schönem Wetter reden – schließlich scheint »Klärchen«, wie die Sonne hier genannt wird, in Mecklenburg-Vorpommern länger als anderswo. Hiddensee führt immer wieder als sonnenreichster Ort Deutschlands die Hitparaden an. Wie kommt das?

Dr. Reiner Tiesel: Na ja, da streiten sich Freiburg und Hiddensee. Freiburg im Breisgau liegt ja direkt im Einflussbereich des Azorenhochkeils und bekommt regelmäßig warmes Wetter und reichlich Sonne. Bis Hiddensee reicht das Azorenhoch natürlich nicht, da passiert etwas anderes. Die Insel, wie übrigens auch Fischland, Darß und Zingst, ist nur wenig bebaut und erhitzt sich deshalb nicht so stark in der Sonne. Dadurch ist die Thermik gering, also der Austausch von warmer Landluft und kühlerer Luft von der See. Und bei geringer Thermik entstehen eben auch seltener Wolken oder Schauer. Noch wichtiger ist allerdings der »Hiddensee-Strom«. Der entsteht durch einen großen Steinwall unter Wasser vor der Westküste der Insel. An dieser Unterwassermauer steigt besonders bei Ostwinden das kalte Wasser aus der Tiefe hoch an die Oberfläche. Und kaltes Wasser verhindert die Wolkenbildung. Der Einfluss der Thermik gilt übrigens für alle küstennahen Gegenden des Landes.

Daher ist bei uns landesweit das Wetter so gut?

Dr. Reiner Tiesel: Ja. Oder auch schlechter als anderswo. Zum Beispiel wenn an Tagen mit herrlicher Sonne plötzlich Wolken an der Küste aufziehen: Vormittags heizt sich die Luft besonders über bebauten Gegenden wie Hafenstädten stark auf. Sie steigt nach oben – und im Ausgleich wird die Luft über der küstennahen Ostsee angesaugt. Eben war das Meer noch blank wie ein Spiegel, und mit einem Schlag ist der Seewind da! Die feuchte Luft steigt weiter auf und bildet schließlich starke Kumuluswolken. Da liegt Warnemünde dann plötzlich unter dicken Wolken, und ein paar Kilometer weiter westlich oder östlich, wo nur Wald ist, scheint strahlende Sonne. Dumm für Leute, die nur aufs Sonnenbaden aus sind. Gegen Abend lösen sich die Wolken dann wieder auf. Das gibt es nur an der Küste oder in der Nähe von großen Wasserflächen wie der Müritz zum Beispiel. Dort hängen die Wolken dann ringförmig am Himmel oder nur über einem Teil des Sees.

Apropos Wolken an der Küste: Man hat manchmal das Gefühl, dass sich entlang der Küstenlinie alle paar hundert Meter das Klima ändert. Zum Beispiel: Der erste warme Tag im Jahr, März oder April. In der Stadt sitzen wir in Badehosen auf dem Balkon und beschließen – lasst uns anbaden fahren. Wir kommen in T-Shirts und kurzen Hosen am Strand an – und dort herrschen gefühlte null Grad, und die Sonne ist auch weg. Darauf fallen wir jedes Jahr wieder rein ...

Dr. Reiner Tiesel: Das sind die berüchtigten Seenebeleinbrüche. Schön, manchmal aber auch sehr gefährlich. Das gibt es nur im Frühjahr, bei ganz ruhiger Wetterlage. Die Ostsee ist zu dieser Jahreszeit noch kalt. Da fließt warme Luft über sie hinweg. Die Sonne scheint, das Land heizt sich auf. Über dem Meer kondensiert dann die warme Luft und bildet den Seenebel, der durch die aufsteigende warme Luft urplötzlich an Land gezogen wird. Diese Nebelfelder sind kühl, machen das Wetter diesig oder neblig und können ganz und gar die Sonne verdecken. Und ein paar hundert Meter weiter herrscht sommerliches Wetter.

Seenebel. Und was ist daran gefährlich?

Dr. Reiner Tiesel: Seenebel besteht aus sehr kleinen Wassertröpfchen, viel kleiner als beim normalen Bodennebel. Daher kann er sehr dicht werden. 15 Meter Sicht – das habe ich selber erlebt. Da kann man nur rechts ranfahren mit dem Auto und hoffen, dass einen die anderen rechtzeitig erblicken. Ich habe auch mal einen Einbruch direkt am Strand erlebt. Da weiß man nicht mehr, wo vorne und hinten ist. Die See war weg, die Küste war weg, und die Kinder, die am Strand spielten, waren auch weg. Ich höre bis heute die Mütter, die nach ihren Kindern schreien. Seenebel hat schon Menschenleben gekostet.

Lassen Sie uns über weniger gefährliche Phänomene reden. Zum Beispiel: Wir feixen immer, wenn an warmen Tagen die Leute sich am Strand direkt ans Wasser legen. Gegen Abend kommen dann so urplötzlich Wellen auf, dass die Menschen gar nicht schnell genug ihre Sachen zusammenraffen können. Ich nenne das die »Feierabendbrandung«. Was geschieht da?

Dr. Reiner Tiesel: Das kann zwei verschiedene Ursachen haben. Zum einen die einlaufenden Fähren. Die Schiffe bauen während ihrer Fahrt eine starke Welle auf, die allein weiterläuft, wenn die Schiffe vor der Küste abbremsen. Irgendwann kommen sie am Strand an – und die Fähre selber ist weit und breit nicht mehr zu sehen. Bei auslaufenden Fähren funktioniert das übrigens nicht, denn sie haben noch keine Welle aufgebaut. Man sollte da schon auf seine Kinder aufpassen.

Das andere Phänomen nennen wir »Seiches«. Es entsteht, wenn sich die Ostsee nach einem langen Sonnentag gewissermaßen entspannt. Man muss sich das Meer wie eine Schüssel vorstellen. Der Schüsselrand ist bebaut, er erhitzt sich stark. Da kommt wieder die Thermik ins Spiel: Kühlere Luft vom Meer wird an Land gesogen und mit ihr auch das Wasser ans Ufer gedrückt. Wenn das Phänomen gegen Abend nachlässt, fließt das Wasser gewissermaßen vom Schüsselrand zur Schüsselmitte. Dort bildet sich dann ein Berg aus Wasser, der wiederum in Richtung Ufer zurückfließt. Und das kommt bei uns als Brandung an. Dieses Auspendeln kann lange hin und her gehen, bis gegen Mitternacht.

Die Ostsee als Ausspannerin – so lieben sie wohl die meisten Menschen. Und das auch im Winter. Denn selbst in der kalten Jahreszeit geht es entspannt zu in MV, oder?

Dr. Reiner Tiesel: Auch da macht sich der Klimawandel bemerkbar: Die Ausbreitung subtropischer Hochdruckgebiete, die immer weiter in den Norden reichen. Spätestens seit 1988 können wir das ganz deutlich beobachten. Früher kam das Winterwetter eher aus dem Osten, der »Russen-Winter«. Heute haben wir Wetterlagen, die in Spanien, Italien oder der Türkei ihren Ursprung haben. Dass hier Polarluftmassen das Wettergeschehen bestimmen, passiert immer seltener.

1987 aber war ein ziemlich harter Winter, kann ich mich erinnern. Da fiel sogar die Schule aus. Und die Ostsee war beim Strand zugefroren. Weiter hinten schwammen große Schollen, da trauten sich nur noch die ganz Wagemutigen rauf.

Dr. Reiner Tiesel: Das stimmt, wir hatten sehr niedrige Temperaturen – fast wie im Winter 1978 zu 1979. Und viel Schnee. Bis zu fünf Meter hohe Verwehungen. Die Straßen waren dicht. Und dann kamen die Panzer zum Räumen. Die schoben alles weg. Auch die Autos, die am

Straßenrand standen. Aber der Schnee war nur das eine. Wir hatten auch Sturm und eine Sturmflut und einen Kälteeinbruch bis minus 15 Grad. Da fingen die Schiffe an umzukippen. Die Wetterseiten vereisten, und die Besatzung musste ständig das Eis abklopfen, damit sie nicht kenterten. Das Klopfen war die ganze Nacht zu hören.

Wann war die Ostsee das letzte Mal zugefroren?
Dr. Reiner Tiesel: Das war im Winter 1962 zu 1963. Und davor im Winter 1946 zu 1947. Besonders spektakulär war es im Winter 1928 zu 1929. Da sind die Rostocker mit Viehwagen über die Ostsee nach Skandinavien gefahren. Mitten auf dem Meer standen Buden, wo sich die »Wasserwanderer« verköstigen konnten. Schiffe lagen fest im Eis und konnten nicht freigeschleppt werden. Das dauerte bis März. Erst dann war der Rostocker Hafen wieder befahrbar.

Wenn die Winter immer wärmer werden – können wir uns da nicht entspannt zurücklehnen?
Dr. Reiner Tiesel: Nicht unbedingt. Denn man muss sagen, dass die Auswirkungen der Unwetter schlimmer geworden sind. Eine Folge der Erwärmung. Und das betrifft die Ostsee, die Binnenseen und die Flüsse. Je wärmer sie werden, umso größere Kraft haben sie auch. Und das macht sich bemerkbar: Sturmfluten, Orkane, Starkregen, Hagelschlag, Tornados – all' das hat zugenommen. Starke Regenfälle haben schon ganze Hänge abrasiert. Das ist besonders gefährlich an den Steilküsten. Der Boden ist ausgetrocknet und wird von den plötzlich hervorbrechenden Wassermassen oder vom Sturm einfach mitgerissen. Dazu kommt, dass die Wetterepisoden kürzer wer-

den: Es wird schneller heiß und kühlt sich auch schnell wieder ab.

Falls also jetzt noch jemand nach Mecklenburg-Vorpommern reisen möchte: Welche Jahreszeiten empfehlen Sie?
Dr. Reiner Tiesel: Das Frühjahr und den frühen Herbst. Im Mai, nach den Eisheiligen, baut sich in der Regel ein stabiles Hochdruckgebiet auf, das meist bis in den Juni hält. Die Mitte des Jahres, also der Hochsommer, ist wegen niedrigen Luftdrucks eher instabil. Das ändert sich erst wieder im »Altweibersommer«, der zweiten stabilen Hochdruckperiode im Jahr. Sie reicht von Mitte September bis etwa zum 20. Oktober. Der Nachteil ist, dass die Sonne dann nicht mehr so warm ist. Aber wir Mecklenburger mögen die große Hitze sowieso nicht besonders.

Herr Dr. Tiesel, ich danke Ihnen herzlich.

Michael Joseph, auf dem Bild mit Händen, geboren 1973 in Rostock, absolvierte an der Universität seiner Heimatstadt ein wirtschaftswissenschaftliches Studium. Seit 1999 ist er selbstständig tätig und leitet das Tochterunternehmen einer global tätigen Beratungsfirma, wobei er vor allem für Webfragen verantwortlich zeichnet. Michael Joseph ist frisch verheiratet, hat eine sehr junge Tochter und einen schon etwas altersschwachen Hund.

Matthias Schümann, geboren 1970 in Rostock, studierte Germanistik sowie Anglistik und absolvierte dann eine journalistische Ausbildung. Seit Mitte der 90er-Jahre arbeitet er vor allem für Tageszeitungen und Zeitschriften. Matthias Schümann lebt als freiberuflicher Journalist und Texter in Rostock, er ist verheiratet, hat drei nicht mehr ganz so kleine Töchter und keine Haustiere. Im Hinstorff Verlag publizierte er bereits zwei Bücher: »Kunstwege – Spaziergänge durch Rostock und Warnemünde« (zusammen mit Reiner Mnich, 2006) und »Einsatzort Wanderweg – Mit Axel Prahl und Jan Josef Liefers durch Mecklenburg-Vorpommern« (zusammen mit Danny Gohlke, 2010).

Wer noch mehr erfahren will, sollte unter
www.anleitung-mv.de nachschauen.

Die Deutsche Nationalbibliothek verzeichnet diese Publikation in der Deutschen Nationalbibliografie; detaillierte bibliografische Daten sind im Internet über http://dnb.ddb.de abrufbar.

Alle Rechte vorbehalten. Reproduktionen, Speicherungen in Datenverarbeitungsanlagen, Wiedergabe auf fotomechanischen, elektronischen oder ähnlichen Wegen, Vortrag und Funk – auch auszugsweise – nur mit Genehmigung des Verlages.

© Hinstorff Verlag GmbH, Rostock 2010
www.hinstorff.de

1. Auflage 2010

Herstellung: Hinstorff Verlag GmbH
Lektorat: Thomas Gallien
Titelgestaltung und Layout: Beatrix Dedek
Titelbild: © PantherMedia, Ramona H.
Autorenporträt: Danny Gohlke
Druck und Bindung: cpi books
Printed in Germany
ISBN 978-3-356-01364-1